한국 기독교의 보수화,
어느 지점에 있나

한국 기독교의 보수화, 어느 지점에 있나

— 2019 한국 개신교인 사회 인식 조사 연구

2020년 10월 20일 초판 1쇄 인쇄
2020년 10월 27일 초판 1쇄 발행

엮은이 | 한국기독교사회문제연구원
지은이 | 김상덕 송진순 신익상 이상철
펴낸이 | 김영호
편　집 | 김구 박연숙 전영수 김율　디자인 | 황경실
펴낸곳 | 도서출판 동연
등　록 | 제1-1383호(1992. 6. 12)
주　소 | 서울시 마포구 월드컵로 163-3
전　화 | (02)335-2630
전　송 | (02)335-2640
이메일 | yh4321@gmail.com

ISBN 978-89-6447-620-8　03230

2019 한국 개신교인 사회 인식 조사 연구

한국 기독교의
보수화,
어느 지점에
있나

기독교사회문제연구원 **엮음**
김상덕 송진순 신익상 이상철 **함께 씀**

동연

책 을 펴 내 며

　최근 한국 사회 갈등 속에서 기독교가 여러 모습으로 등장하고 있습니다. 사안에 따라서는 교회와 사회와의 생각이 다를 때도 있고, 어떤 사안은 교회 내부에서도 입장이 갈리는 것을 종종 발견합니다. 일각에서는 한국교회를 사회 갈등의 주원인으로 보거나 심지어는 일부 극우집단의 배후로도 지목하는 가슴 아픈 지경에 이르렀습니다. 한국교회는 이러한 부정적 인식의 사실 유무를 떠나 스스로를 반성하고 개혁해나가는 일에 소홀히 해서는 안 될 것입니다.

　한국기독교사회문제연구원은 한국교회에 대한 비판적 성찰의 중요성을 인정하면서도 이와는 다른 차원에서의 접근이 필요하다고 판단했습니다. 그것은 한국교회에 대한 보다 객관적인 이해를 돕는 기초연구가 필요하다는 것입니다. 한국교회에 대한 단순한 주장의 나열이나 반복이 난무하고 각자의 의견만을 배타적으로 고집하고 진정한 소통이 사라진 현실 속에서 실제 한국 개신교인들은 누구이며 어떤 생각을 가지고 있는지에 대한 기초자료가 필요하다는 판단이었습니다.

　이번 〈2019 주요 사회 현안에 대한 개신교인 인식조사〉 연구는 한국의 정치, 경제, 사회(젠더), 통일 및 남북관계, 생태 및 환경 분야에 걸친 핵심적인 사회문제에 관한 한국 개신교인들의 사회 인식을 알아볼 수 있는 기초자료로서 그 의미를 지닙니다. 한국 개신교인 1,000명과 비개신교인 1,000명을 대상으로 조사한 이번 연구는 한국인의 사회인식의 틀 안에서 개신교인 사회인식의 유사성과 독특성을 상호 비교 연구가 가능할 뿐 아니라, 한국교회의 현재적 분석과 더불어 미래에 대한 전망을 연구하는 토대가 될 것으로 기대합니다. 또한 다종교 및 다원화 사회인 대한민국의 특성에 따라, 개신교를 포함한 주요 종단 종교인들과 일반 국민들 사이에 존재하는 사회 현안에 대한 인식의 차이를 밝혀내고 그 원인을 개신교인들의 인식을 중심으로 분석할 수 있을 것으로 기대됩니다.

이 책은 위 인식조사를 기반으로 네 명의 신학자가 통계 분석 및 신학적 그리고 윤리학적 분석을 담아놓은 심화연구서입니다. 먼저 신익상 박사는 통계 조사에서 나타난 한국 개신교인의 근본주의적 특성을 배타성으로 설정하고 이에 대한 양적 분석과 신학적 논의를 소개하고 있습니다. 이상철 박사는 한국 개신교 내 극우기독교 현상에 대한 분석과 이를 극복하기 위한 교회의 윤리적 대안들을 제안하고 있습니다. 송진순 박사는 한국교회뿐 아니라 한국 사회 속에서 중요한 의제로 부상한 젠더 의식의 현황을 포괄절 성평등 인식, 가정 내 성평등, 낙태와 관련한 윤리적 인식, 동성애 등으로 나누어 분석합니다. 마지막으로 김상덕 박사는 한국 개신교인의 통일의식의 특징을 민족주의적 접근과 실용주의적 접근을 토대로 구분하여 소개하고, 여기에 신앙이 미치는 영향과 경로 그리고 결과에 대한 함의를 분석하고 있습니다.

한국기독교사회문제연구원은 향후에도 한국 사회의 갈등의 원인을 분석하고 화해와 상생을 위한 통계 조사 및 연구 사업을 진행해가고자 합니다. 이를 통하여 변화된 사회적 상황 속에서 한국교회가 사회에 기여할 수 있는 방향을 모색하고자 합니다. 바라기는 이번 〈2019 주요 사회 현안에 대한 개신교인 인식조사〉 연구가 한국 사회에 만연해 있는 이념적, 정치적, 종교적 갈등을 넘어 사회 통합과 상생의 길을 모색하는 데 작은 디딤돌이 되기를 기대합니다.

한국기독교사회문제연구원

이사장 윤 길 수

원　장 김 영 주

차 례

한국 개신교의 배타성과 교회의 미래

신익상*

I. 들어가는 말: 한국 개신교의 근본주의와 배타성,
그 연관과 외연의 확장

한국 개신교 주류 신앙이 근본주의에 편향되어 있음을 부인하기는 쉽지 않아 보인다. 기독교의 정체성을 폐쇄적으로 모색하는 이러한 경향은 이 정체성의 역사적인 맥락을 망각하고 절대화하기 쉽다. 이에 따라 근본주의자들은 "자신들이 체감하는 역사에 대한 절절한 문제제

---

* 성공회대학교 교수/연세대학교 겸임교수

기"[1]도 쉽게 무시하기 쉽다.

한국 개신교의 근본주의는 한국 개신교의 역사와 더불어 개시되었다고 할 수 있다. 미국에서 진화론과 공산주의에 대응하여 기독교 정체성을 확립하고자 처음 근본주의가 부상하던 때는 미국의 선교사들이 한반도에서 한창 선교 활동을 벌이던 1920년대였다. 이들 선교사가 근본주의적 정체성의 영향 속에서 선교한 결과가 여전히 근본주의 신앙에 치우친 오늘날 한국 개신교의 신앙 지형도를 설명하는 중요한 단서일 수 있다.[2]

한 역사학적 연구는 이들 초기 선교사의 탈역사화된 선교 활동이 역설적으로 당대의 역사적 흐름에 무력하게 휩쓸리는 신앙 공동체를 양산했음을 간접적으로 보여준다.[3] 이 연구에 의하면, 개신교 유일신 신앙의 절대적 우월성을 기반으로 한 이들의 선교는 기독교 신앙의 우월성과 서구문화의 우월성을 분리해서 전달하는 데 실패한다. 한국인들에게 기독교는 서구 문명을 받아들이는 통로로 더 크게 다가왔고, 따라서 종교 사상적 요인보다는 사회경제적, 정치적 요인이 한국 개신교 초기의 성장을 설명하는 더 큰 변수가 되고 만다. 19세기 말과 20세기 초한국 개신교의 급성장은 청일전쟁(1894~1895)과 러일전쟁(1904~1905)

---

1 김진호, "개신교의 배타주의와 타자의 악마화," 「맘울림: 깊고 넓고 맑은 삶을 위하여」 38 (2015.12), 111.

2 권진관, "냉전과 한국 개신교 - 냉전 체제로 구조화된 한국 개신교에 대한 한 분석," 「신학과 사회」 31.2 (2017. 01), 11.

3 한규무, "근대시기 전통사상과 서구사상의 만남 - 개신교와 타종교의 관계를 중심으로," 「한국사상사학」 50 (2015. 08).

직후에 이루어졌다는 점, 대한제국 때는 충군애국을 강조하다가 일제의 주권 침탈이 본격적으로 시작된 을사늑약 이후에는 정교분리를 가르친 선교사들의 모습에서 선교적 교세 확장을 위해 정치적 상황에 교회 공동체를 수동적으로 맞추어 가는 모습을 발견할 수 있다는 점은 이 사실에 대한 예증이다.[4]

단적으로 한국 개신교는 초기 단계에서부터 탈역사화된 배타적 우월성의 맹목적 수용을 제외한 종교 사상의 공동화를 자초했다. 이로 인해 사회, 경제, 정치적 요인이라는 역사적 맥락에 자신을 맞춰서 성장하는 길을 걸어온 것이 한국 개신교의 역사라고 할 수 있다. 그 결과는 역사의 주도권을 놓치지 않으려는 정치·경제적 기득권층 주도의 사회 체제를 묵인하거나 동조해온 역사다. 이러한 가운데 한국교회는 개인 구원과 기복신앙을 중심으로 사사화의 길을 걸었다.

물론 1960년대와 70년대를 전후해서 민중신학, 토착화신학, 통일신학 등의 저항적 움직임이 일어나 현재까지 이어지고 있으나, 이 강렬한 운동들이 한국교회의 주류를 형성했던 적은 아직 한 번도 없다.[5] 오히려 계속해서 한국교회의 주류는 한국전쟁 이후 숭미주의와 반공주의를 신앙 내면화한 근본주의적 복음주의였다. 이 복음주의는 미국의 복음주의와 절묘하게 연동한다. 미국의 경우, 1920년대 태동한 기독교 근본주의의 문화적 정체성 운동은 1970년대 미국의 "새로운 종

---

4 *Ibid.*, 150-156 참조.

5 김진호, "개신교의 배타주의와 타자의 악마화," 119; 고지수, "1960년대 개신교 지식인의 '세속화' 수용과 교회의 사회화 문제,"「인문과학」72 (2019. 02) 참조.

교 우파"와 21세기 초 부시 부자와 트럼프를 차례대로 미국의 대통령으로 만든 백인 복음주의 개신교인들의 "문화 전쟁"을 거쳐 정치화되었다. 이에 발맞춰 한국에서는 87년 체제 출범 직후인 1989년, 한국기독교총연합회(한기총)가 정교분리의 원칙을 깨고 정치 운동에 나섰다. 동시에 미국 백인 보수주의 개신교의 정치적 흥기 또는 "복음주의 우파"를 모델로 하는 "뉴라이트 운동"이 시작되었다.6

1980년대 후반 한국 근본주의 개신교의 정치화를 설명하는 출발점은 초기 기독교의 '콘스탄티누스적 전환'(Constantinian shift)까지 거슬러 올라갈 수도 있다. 김진호는 로마 제국의 황제에 의해 수용된 기독교가 국가권력을 등에 업기 시작하자 증오의 대상에서 증오의 주체로 변했다고 지적한다. 이단 또는 적그리스도를 색출함으로써 정통파 기독교의 지도자들은 권력과 부를 누릴 수 있었는데, 이러한 배타적 권력화가 로마제국에서 포스트식민주의 시대 미국에 이르기까지 새로운 시·공간적 상황 속에서 재생산되어왔다. 그중에서도 "한국은 미국발 개신교 중 가장 원초적인 배타주의적 언어로 무장한 근본주의적 개신교의 세례를 받은 대표적 나라다."7 한국화된 배타주의의 칼날은 기독교 근본주의의 변함없는 적 공산주의는 물론 전통종교까지 향했다.

20세기 말에 접어들면서 양적 성장을 멈춘 한국교회는 사회적 비

---

6 Sung Gun Kim, "The Place of Evangelical Protestantism in the Korean Public Sphere," *Discourse201* 20.2 (2017), 146.
7 김진호, "개신교의 배타주의와 타자의 악마화," 114.

판에도 불구하고 퇴행적 행보를 보여왔고, 이러한 퇴행성의 중심에 배타주의의 강화가 있다는 것이 김진호의 진단이다. 그는 한국교회의 퇴행적 배타주의가 이념적 전선을 형성하는 것에서 멈추지 않고 인종주의적 배타성(제노포비아), 이성애주의적 배타성(호모포비아), 이웃 종교에 대한 공격성, 대중문화 영역에서의 악마와의 전쟁 등으로 외연을 확장해가고 있다고 지적한다.8

> 이렇게 개신교의 배타주의적 공격성은 이념 프레임을 축으로 하여 다방면으로 확산되고 있고 또 그 공격성을 강화시키고 있다. 한데 이 시도들이 사회적으로 실추된 개신교의 위상을 반전시키는 데는 아무런 기여도 못하고 있다. … 다만 공격적 활동가 신자들을 활성화시켰을 뿐이다. 그런데 더욱 문제는 무수한 증오 담론의 유포자가 됨으로써 싸움을 부추기고 서로를 적대하게 하는 촉매제 역할을 하고 있다는 점이다.9

신자유주의적 무한경쟁에 지친 사람들의 고통을 위로하고, 가난한 자를 위한 복음을 선포하는 것이 아니라 오히려 증오를 심는 종교가 되어버린 한국 개신교의 현실을 개탄하면서, 김진호는 배타주의적인 기독교가 예수와 바울이 아니라 이들이 싸웠던 체제를 닮아가고 있으며, 바로 이 점이 한국 개신교가 해결해야 할 핵심 문제라고 전망한

---

8 *Ibid.*, 120-122 참조.
9 *Ibid.*, 122-123.

다.[10]

반면, 최현종은 민주화를 비롯한 한국의 사회진보에 있어서 개신교를 부정적으로 평가하는 —개신교 자체의 평가와는 정반대로— 한국 사회 전반의 분위기 속에서도, 개신교는 물론 종교 인구 전반이 감소하기는커녕 증가하고 있다는 사실을 들어 개신교를 비롯한 종교가 여전히 한국 사회 내에서 감당해야 할 역할이 있음을 조심스럽게 역설한다.[11]

본 연구는 한국 개신교의 근본주의와 배타성의 연관성 그리고 이러한 연관성에 의거 한국 개신교 배타성의 확장을 진단하고 전망하는 이상의 논의를 검토하는 것을 목표로 한다. 나아가 이러한 검토의 귀결로서 한국교회의 미래를 전망하고자 한다. 이를 위해 한국기독교사회문제연구원에서 시행한 "2019 주요 사회 현안에 대한 개신교인 인식조사"의 설문 통계자료 중 일부를 활용한다. 목표를 위해 설정한 연구 문제는 다음과 같다.

① 한국기독교의 근본주의적 요소와 배타성은 유의미한 상관관계가 있는가?
② 전통적 배타성(진화론 반대, 공산주의 배격, 타종교 반대)과 새로운 배타성(동성애 반대, 이슬람 국내 유입 반대) 사이에 유의미한 관계가 있는가?

---

10 *Ibid.*, 123-124.
11 최현종, "사회진보와 종교의 역할,"「담론 201」18.1 (2015. 01), 115-116 참조.

③ 개신교인의 배타성은 연령과 교회 출석 빈도 각각에 유의미한 관계가 있는가?

④ 개신교와 비개신교의 배타성은 각각 어떤 관계적 특성을 갖는가?

위 ①번과 ②번 연구 문제를 풀어나가기 위해 본 연구에서는 근본주의를 두 개의 범주로 재정의해서 접근하고자 한다. 배타성을 근본주의를 측정하는 두 개의 하위 범주 중 하나의 범주로 놓으려는 것이다. 기독교 근본주의가 탄생한 역사적 배경을 염두에 둘 때, 근본주의의 정의 자체에서 배타성을 분리해 내는 것은 불가능하다는 판단에서다.

근본주의(fundamentalism)라는 용어 자체의 탄생과 관련되기도 한 근본주의적 교리는 성서무오설, 비기독교인의 멸망, 신성을 지닌 예수의 십자가 죽음과 부활, 승천 그리고 심판을 위한 재림, 예수를 믿는 자들의 천국에서의 영생 등을 '배타적으로' 주장한다.[12] 이러한 교리를 '배타적으로' 확인하고 강조하는 일은 공동체의 정체성이 외부의 어떤 요인들에 의해 위협받고 있다고 하는 위기감에서 비롯되는 법인데, 1920년대 당시 미국 기독교인들이 정체성 위기의 외적 요인이라고 지목한 것은 진화론과 공산주의였다.

따라서 정체성을 지키기 위한 근본주의의 전략은 보통 두 방향에

---

12 Alister McGrath, *Modern Christian Thought* (London: Backwell Publishers, 1993), 230; 최대광, "기독교 근본주의의 정의와 미국과 한국의 기독교 근본주의," 「기독교사상」 620 (2010.08), 35에서 재인용.

서 진행된다고 할 수 있다. 하나는 교리의 확립을 통해 자기 확신을 배타적으로 강화하는 것이고, 다른 하나는 자신의 종교적 정체성에 위협이 된다고 여겨지는 외부의 가상적 적을 배격하는 것이다. 전자의 전략을 '자기 긍정의 배타적 내재화'라고 한다면, 후자의 전략은 '정체성 불안의 외면화'[13]라고 할 수 있다.

자기 긍정의 배타적 내재화 전략과 관련된 근본주의적 성향을 측정하기 위해 본 연구는 성서무오설과 개인 구원으로서의 천국 신앙(개인의 천국 구원)을 설문하였다. 여기에 성서문자주의를 추가하여 설문함으로써 성서무오설을 측정하는 질문을 보강하였다. 성서무오설은 성공적인 시대정신인 진화 과학에 대응하는 과정에서 성서문자주의를 내적 확신의 근거와 수단으로 삼았기 때문이다. 성서무오설은 사실적 진리를 평가하는 기준을 측정하는 것이라면, 성서문자주의는 수행적 진리를 평가하는 기준을 측정하는 것이라는 점에서 상호 보완적 측정지표가 된다.

정체성 불안의 외면화 전략과 관련된 근본주의적 성향을 측정하기 위해서는 진화론 반대, 공산주의 배격에 더하여 타종교에 대한 배타주의적 태도를 설문하였다. 사실 한국에 상륙한 근본주의적 기독교 신앙이 직면한 더 낯선 상황은 다양한 종교의 존재였다. 한국의 개신교는 미국 선교사에 의한 선교 초기부터 한국의 전통종교와의 대결 구도를 만들어가며 기독교 신앙의 우월성을 강조하였다는 점에서 타종교에

---

13 문맥의 자연스러움에 따라 '배타성 척도'라는 지칭과 혼용해서 사용하도록 한다.

대한 배타주의적 태도는 한국 개신교의 근본주의 측정에 있어서 빼놓을 수 없는 질문이다.

그런데 최근 들어 한국 개신교가 새로운 외부의 적을 설정하여 공격하기 시작했다. 전광훈 목사가 지난 2019년 1월 한기총 대표회장 당선 기자회견에서 밝힌 활동 방향에서 이 새로운 외부의 적을 확인할 수 있는데, 그것은 바로 동성애와 이슬람이다.[14] 이에 따라 본 연구는 타종교, 진화론, 공산주의를 한국 개신교 근본주의가 오래전부터 설정해 놓은 외부의 적이라는 의미에서 한국 개신교 근본주의의 '전통적 배타성' 척도를 측정하는 대상으로 설정하고, 동성애와 이슬람을 '새로운 배타성' 척도를 측정하는 대상으로 설정하여 분석한다. 한국 개신교 근본주의가 정체성 불안을 해소하기 위해 취하는 두 가지 전략 중 정체성 불안의 외면화 전략을 전통적 배타성과 새로운 배타성으로 구분하여 분석할 필요가 있다. 이러한 구분은 한국 개신교 근본주의의 역동성과 한계를 생생하게 볼 수 있도록 한다.

II. 통계조사의 개요

본 연구는 (사)한국기독교사회문제연구원이 ㈜지앤컴리서치에 의뢰하여 수행된 "2019 주요 사회 현안에 대한 개신교인 인식조사"의 설

---

14 노컷뉴스, "한기총 대표회장에 전광훈 목사 당선," 2019년 1월 29일;
  https://www.nocutnews.co. kr/news/5097063.

문 결과와 기초통계 및 본 연구에 필요한 통계분석을 ㈜지앤컴리서치에 별도 의뢰하여 얻은 통계분석 자료를 사용한다.

1. 응답자와 응답자 특성

〈표 1〉 개신교인의 연령별, 예배 참석 빈도별 분포

[전체]		사례수 (1000)	% 100.0
연령	20~29세	(160)	16.0
	30~39세	(208)	20.8
	40~49세	(251)	25.1
	50~59세	(230)	23.0
	60~69세	(151)	15.1
예배 참석 빈도	일주일에 3회 이상	(152)	15.2
	일주일에 1~2회	(524)	52.4
	한 달에 3회 이하	(226)	22.6
	교회 안 나감	(97)	9.7

〈표 2〉 비개신교인의 연령별 분포

[전체]		사례수 (1000)	% 100.0
연령	20~29세	(162)	16.2
	30~39세	(208)	20.8
	40~49세	(249)	24.9
	50~59세	(230)	23.0
	60~69세	(151)	15.1

본 연구의 설문은 전국 개신교인 1,000명, 비개신교인 1,000명의 20세 이상 69세 이하 응답자를 대상으로 했으며, 개신교인과 비개신교인 각각 성, 연령, 지역별 인구를 기준으로 비례 할당하여 표본을 추

출하였다. 인구통계 변인으로는 개신교인과 비개신교인 공통으로 성별, 연령, 지역, 직업, 결혼 여부, 가구 소득, 결혼 여부, 고용 형태, 학력, 월평균 가구 실소득, 자산을, 개신교인은 여기에 더하여 교회 내 직분, 예배 참석 빈도, 출석 교회 교인 수, 신앙생활 기간, 교파, 신앙 정도를 측정하였다. 그러나, 본 연구에서는 이 중 개신교인의 경우에는 연령과 예배 참석 빈도를, 비개신교인의 경우에는 연령만을 독립변수로 사용하였다(표 1, 표 2 참조).

2. 설문지

설문은 환경 및 기후변화 분야(11개 문항), 정치 분야(18개 문항), 경제 분야(18개 문항), 사회·문화·젠더 분야(16개 문항), 통일·평화 분야(17개 문항), 교회 및 신앙관 분야(14개 문항)의 6개 분야로 나누어 총 94개 문항의 질문을 하였다. 이 문항들 가운데 척도로 구성된 문항들은 5점 척도로 응답하도록 하였다.

본 연구는 이들 질문 중 본 연구에 필요한 교회 및 신앙관 분야의 문항들을 중심으로 선별하여 다음과 같이 변인을 구성하였다. 비개신교인 통계는 개신교인의 배타성 측정에 있어서 대조군으로 사용하였다.

1) 독립변인
   ① 개신교인: 성별, 예배 참석 빈도
   ② 비개신교인(대조군): 성별

2) 종속변인

① 자기 긍정의 배타적 내재화(3문항): 축자영감설, 성서문자주의,
개인의 천국 구원

② 정체성 불안의 외면화(전통적 배타성) 척도(5문항): 타종교에
대한 태도, 진화론 반대, 공산주의 배격

③ 정체성 불안의 외면화(새로운 배타성) 척도(2문항): 동성애 반
대, 이슬람 국내 수용 반대

3. 조사 방법 및 자료의 처리

조사 기간은 2019년 7월 8일부터 7월 19일까지였고, 설문 문항은
선다형이나 5점 척도로 구성되었다. 조사 지역은 전국이며, 패널을 활
용한 온라인 조사로 진행하였다. 개신교인과 비개신교인 각각 1,000
명을 대상으로 한 설문의 표본 오차는 95% 신뢰 수준에서 ±3.1%이다.

본 연구에서 사용된 통계분석 방법은 상관계수, 변량분석(ANOVA),
회귀분석이다. 상관계수는 두 변인 간의 상관성 정도를 나타내는 것으
로, 상관성이 가장 높은 경우(r=±1.00)와 가장 낮은 경우(r=0.00) 사
이에서 통계적 유의미성을 검증한다. 변량분석은 3개 이상의 집단 간
차이를 검정하기 위한 통계적 방법이다. 집단 내 분산 추정치(오차)에
대한 집단 간 분산 추정치(효과)의 비율을 봄으로써 효과가 오차보다
크다면 집단 간 유의미한 차이가 있음을 확인할 수 있다. 본 연구에서
는 독립변인이 하나일 때 사용하는 일원 배치 분산분석(one way
ANOVA)과 독립변인이 두 개일 때 두 독립변인의 상호작용에 의한 유

의미한 차이까지 검정하는 이원 배치 분산분석(two way ANOVA)을 사용한다. 회귀분석은 하나나 그 이상의 독립변인의 변화가 하나의 종속변인에 미치는 영향을 검정하는 통계적 방법으로, 본 연구에서는 하나의 독립변인에 대한 종속변인의 관계를 선형적으로 추론하는 단순 선형 회귀분석을 사용한다.

III. 결과

1. 기본통계로 본 한국 개신교의 현재[15]

1) 2019년, 한국 개신교 근본주의

① 정체성 불안의 외면화

2019년 한국의 개신교인들은 구원의 능력을 빼고는 다른 종교에 상당히 관대한 점수를 주기를 주저하지 않는다. 58.7%의 개신교인들이 다른 종교에도 진리가 있으며 58.4%가 다른 종교는 악하지 않다고 응답했다(그림 1 참조). 다른 종교에도 구원이 있다고 보는 개신교인들의 비율은 33.1%로 상대적으로 낮았으나, 개신교에만 구원이 있다고

---

15 이 절은 졸고, "개신교인의 신앙관과 생태위기에 관한 인식,"「기독교사상」731 (2019. 11), 9-17의 내용을 대폭 수정, 보완한 것이다.

응답한 비율은 48.9%로 절반에 약간 미치지 못한다는 사실도 주목할
만하다. 뒤에서 보겠지만, 상관관계 분석 결과 이 세 질문 간에는 서로
유의미한 양의 상관관계가 있는 것으로 나타났다. 따라서 엘런 레이스
(Alan Race)의 분류에 따르면 2019년의 한국 개신교인들은 포괄주의
라고 부를 만한 입장에서 다른 종교를 보고 있는 것으로 판단할 수
있다.

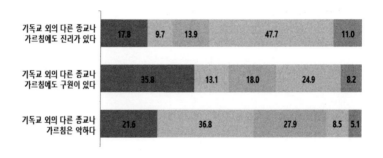

〈그림 1〉 정체성 불안의 외면화 척도(타종교)

■전혀 동의하지 않는 편이다 ■동의하지 않는 편이다 ■잘 모르겠다 ■동의하는 편이다 ■매우 동의한다

(Base=전체, N=각 1000명, %)

한편 진화론과 공산주의는 기독교 근본주의가 태동할 때부터 이
근본주의의 배격 대상이었지만, 오늘날 한국의 개신교인들은 진화론
에 상당히 관대한 편이다. 반면, 공산주의에 대해서는 개신교인이나
비개신교인이나 할 것 없이 부정적이다. 특히 개신교인은 71.2%나 공
산주의를 반대하여 54.3%인 비개신교인들에 비해 상대적으로 높은
비율을 보여준다(그림 2 참조). 이러한 사실은 미국의 근본주의와 연동

하는 한국 개신교 근본주의가 1980년대 이후 꾸준히 정치화되어 왔다는 사실과 무관하지 않다고 추측할 수 있게 한다.

〈그림 2〉 정체성 불안의 외면화 척도(전통적 배타성, 새로운 배타성)

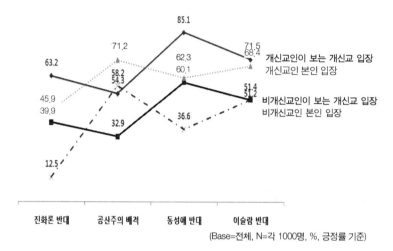

(Base=전체, N=각 1000명, %, 긍정률 기준)

어쨌든 개신교인들은 비개신교인들과 비교하면 진화론, 공산주의, 동성애, 이슬람 전 항목에 걸쳐서 더 배타적이라고 할 수 있다. 특히 근래 들어 갑자기 관심이 집중되기 시작한 동성애나 이슬람에 대한 반대(동성애: 62.3%, 이슬람: 68.4%)는 진화론의 경우(45.9%)를 월등하게 뛰어넘는다. 더욱이 이 네 가지 배타성 척도 모두에 있어서 개신교인의 배타성은 비개신교인의 배타성보다 높을 뿐만 아니라, 비개신교인이 예상하는 개신교인의 배타성보다도 높다. 개신교인은 비개신교인이 예상하는 것보다 더 배타적인 셈이다.

② 자기 긍정의 배타적 내재화

자기 긍정의 배타적 내재화에 해당하는 기초통계에 의하면, 59.8%의 개신교인이 성서무오설을 지지하고, 55.0%는 성서문자주의를 지지한다고 응답하였다(그림 3 참조). 이 통계는 개신교인의 배타성에 관한 앞의 기초통계와 맞물려 근본주의적 신앙관이 오늘날 한국 개신교인들에게 얼마나 스며들어 있는가를 가늠하도록 돕는다.

〈그림 3〉 자기 긍정의 배타적 내재화 척도

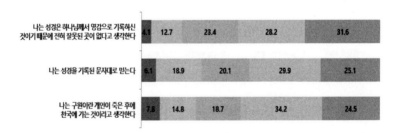

■전혀 그렇지 않다　■그렇지 않은 편이다　■잘 모르겠다　■그런 편이다　■매우 그렇다

	전혀 그렇지 않다	그렇지 않은 편이다	잘 모르겠다	그런 편이다	매우 그렇다
나는 성경은 하나님께서 영감으로 기록하신 것이기 때문에 전혀 잘못된 곳이 없다고 생각한다	4.1	12.7	23.4	28.2	31.6
나는 성경을 기록된 문자대로 믿는다	6.1	18.9	20.1	29.9	25.1
나는 구원이란 개인이 죽은 후에 천국에 가는 것이라고 생각한다	7.8	14.8	18.7	34.2	24.5

(Base=전체, N=각 1000명, %)

물론 이러한 통계는 1982년의 통계와 비교하면 고무적이긴 하다. 1982년에는 평신도의 92.3%, 목회자의 84.9%가 축자영감설을 지지했었다.[16] 그런데도 아직도 성서에 오류가 없다거나 성서를 문자 그대

---

16 한국기독교사회문제연구원 편, 『한국교회 100년 종합조사연구: 보고서』(서울: 한국기독교사회문제연구원, 1982), 56.

로 믿어야 한다고 응답한 개신교인들의 비율은 과반이 넘는다.

정리하자면, 정체성 불안의 외면화 항목들은 진화론의 경우를 제외하곤 다른 종교에 대한 배타성보다 강하고, 자기 긍정의 배타적 내재화 항목들과 비교하면 더 높은 비율로 강하다. 따라서 2019년 한국의 개신교는 전반적으로 자기 긍정의 배타적 내재화보다는 정체성 불안의 외면화 요소들을 토대로 하는 근본주의적 정체성을 유지하고 있는 것처럼 보인다. 오늘날 한국의 개신교는 자기 긍정의 내재화의 측면에서는 38년 전의 한국 개신교인보다 근본주의적이지는 않지만, 정체성 불안의 외면화 측면에서는 근본주의적 성향을 유력하게 지닌 채있는 셈이다. 2019년에도 근본주의가 한국 개신교의 유력한 대안 역할을 하고 있다는 사실도 안타까운 일이지만, 더 큰 문제는 이 근본주의의 성격이다. 이 근본주의를 지탱하고 있는 것은 내적인 신앙의 확신이 아니라 외부의 적이기 때문이다. 교리적 확신이 약화하고 있는 근본주의가 고개를 돌린 것은 외부의 적이다.

2) 전망: 개신교의 미래

여전히 근본주의를 가장 큰 대안으로 지닌 채 이 시대를 살아가고 있는 한국 개신교의 미래는 개신교인이라고 하면서도 제도 교회에 출석하고 있지 않거나 출석하더라도 그 횟수가 매우 적다고 응답한 신자들의 성격을 통해 가늠할 수 있다.

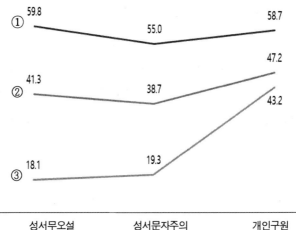

〈그림 4〉 자기 긍정의 배타적 내재화 척도
('그렇다' 비율, 예배 참석 빈도가 저조한 신도)

① 59.8 ────── 55.0 ────── 58.7

② ─────────────────── 47.2

  41.3 ────── 38.7 ────── 43.2

③ 18.1 ────── 19.3 ──────

성서무오설   성서문자주의   개인구원
① 개신교 전체   ② 한 달에 3회 이하 교회 출석   ③ 교회 안 나감
(Base=전체, N=차례로 1000명, 226명, 97명, %, 긍정률 기준)

우선 그림 4에서 확인할 수 있듯, 교회에 출석하고 있지 않은 개신
교인은 개신교인 전체 평균과 비교할 때 성서무오설이나 성서문자주
의 등을 긍정하는 비율이 현격히 낮다. 교회에 드문드문 출석하는 신
자의 경우에는 교회에 출석하지 않고 있는 개신교인보다는 높은 비율
로 근본주의적 교리를 긍정하고는 있으나, 이들의 긍정률 또한 개신교
전체의 긍정률과 비교할 때 유의미하게 낮음을 알 수 있다.

또한, 개신교인이라고 생각하면서도 제도 교회에 출석하고 있지
않은 신자들과 교회에 드문드문 출석하는 신자들은 거의 모든 지표에
있어서 개신교 전체 평균과 반대의 길을 향하고 있음을 그림 5와 그림

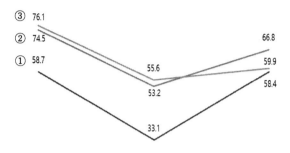

〈그림 5〉 정체성 불안의 외면화 척도
(타종교에 대한 태도, 예배 참석 빈도가 저조한 신도)

③ 76.1
② 74.5
① 58.7
55.6
53.2
33.1
66.8
59.9
58.4

다른 종교의 진리성   다른 종교의 구원 가능성   다른 종교에 대한 도덕적 긍정
① 개신교 전체   ② 한 달에 3회 이하 교회 출석   ③ 교회 안 나감
(Base=전체, N=차례로 1000명, 226명, 97명, %, 긍정률 기준)

6에서 확인할 수 있다. 이들은 다른 종교나 가르침의 진리성과 도덕성
에 대한 긍정은 물론이고 심지어 구원 가능성에 대한 긍정도 과반이
넘을 정도로 다른 종교를 우호적으로 생각함으로써 다원주의적 태도
에 접근해 있다. 교회에 출석하고 있지 않은 개신교인들의 행보는 더
욱 과감하다. 이들은 진화론을 대하는 태도를 제외하면 거의 전적으로
비개신교인의 평균과 구분하기 어려울 정도로 배타성의 정도가 비개
신교인에 근접해 있다(그림 6 참조).

　　제도 교회에 포섭되지 않은 채 개신교인으로 살아가고 있는 이들
그리고 제도 교회에 포섭되어 있기는 하나 드문드문 출석하고 있는 이
들은 제도 교회가 제공하는 근본주의적 대안에서 이미 멀어져 있다고
할 수 있다. 그러면 이들은 과연 누구인가?

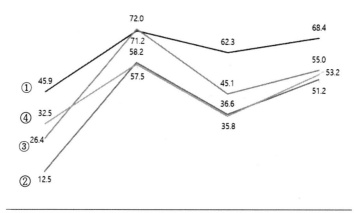

〈그림 6〉 정체성 불안의 외면화 척도
(전통적 배타성과 새로운 배타성, 예배 참석 빈도가 저조한 신도)

진화론 반대   공산주의 배격   동성애 반대   이슬람 반대
① 개신교 전체 ② 비개신교 전체 ③ 한 달에 3회 이하 교회 출석 ④ 교회 안 나감
(Base=전체, N=차례로 1000명, 1000명, 226명, 97명, %, 긍정률 기준)

그림 7은 교회에 잘 나가고 있지 않은 개신교인이 연령대별로 얼마나 분포하고 있는지를 나타낸다. 이에 의하면 교회에 출석하고 있지 않은 개신교인의 비율은 20대가 압도적이며(15.0%로 7.2%인 60대의 2배), 연령대가 낮아질수록 그 비율이 증가한다. 여기에 드문드문 출석하는 신자들의 비율을 합하면 20대 신자의 42.2%가 교회에 열심히 출석하지 않고 있는 것으로 나타나며, 연령대별 분포의 추이는 이러한 양상이 젊을수록 급격하게 심화하고 있음을 보여준다. 개신교인으로서의 자기 정체성을 가지고 있으면서도 제도 교회로부터의 이탈을 주도하고 있는 신자들은 젊은이들인 것이다.

따라서 확인되는 것은 20대를 중심으로 하는 젊은 층에서 근본주

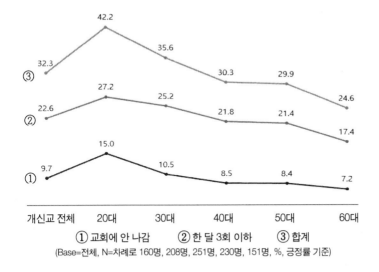

〈그림 7〉 연령별 예배 참석 빈도(출석률 낮은 신도 중심)

③ 32.3 42.2 35.6 30.3 29.9 24.6
27.2 25.2
② 22.6 21.8 21.4 17.4
15.0
① 9.7 10.5 8.5 8.4 7.2

개신교 전체   20대   30대   40대   50대   60대
① 교회에 안 나감   ② 한 달 3회 이하   ③ 합계
(Base=전체, N=차례로 160명, 208명, 251명, 230명, 151명, %, 긍정률 기준)

의적 제도 교회로부터 이탈하여 동시대의 시대정신에 따르려는 경향이 강화되고 있다는 사실이다. 그렇다면 제도 교회가 근본주의적 대안에서 벗어나 시대정신과의 교감 속에서 새로운 대안적 기독교를 제시하지 못한다면, 제도 교회로부터 이탈하는 개신교 젊은이들이 점증할 것으로 보인다. 교회에 출석하지 않는 개신교인들이야말로 한국 개신교의 미래를 보여주는 시금석이다.

기초통계들을 통한 이상의 분석은 각 통계 간의 관계성을 확인해야만 그 설득력이 입증되거나 보강되거나 새로운 방향에서 심화할 수 있다. 근본주의 척도 간 일관된 관계성이 관찰되는지, 전통적 배타성과 새로운 배타성 사이의 관계는 어떠한지 등을 더 확인해야 한국교회의 현재를 명확하게 파악할 수 있다. 또한, 교회의 미래와 관련된 분석에서는 연령과 예배 참석 빈도와의 관계성, 연령과 배타성, 근본주의 의 관계, 배타성 척도에 있어서 개신교인과 비개신교인의 차이 유무와 그 차이의 성격 등을 확인해야 할 필요가 있다. 이러한 필요에 따라 상관계수 분석, 변량분석, 회귀분석을 시행하였다.

2. 상관계수 분석: 근본주의 척도 간의 상관관계

기초통계의 결과를 심도 있게 검토하기 위해 시행한 분석 중 상관 계수 분석은 근본주의 척도 간의 상관관계를 보는 것으로 진행되었다. 근본주의 척도 간에는 공산주의 배격과 타종교의 선함(윤리적 긍정)의 관계를 빼고는 모두 유의수준 0.001에서 상관관계가 있는 것으로 나 타났다(표 3 참조). 자기 긍정의 배타적 내재화 정도가 높을수록 정체 성 불안의 외면화 정도도 높다. 또한, 전통적 배타성이 높을수록 새로 운 배타성도 높다. 신앙의 자기 긍정이 높을수록 증오나 혐오를 바탕 으로 하는 배타성도 함께 증가하며, 기존의 배타성(진화론 반대, 공산주 의 배격)은 사회적으로 새롭게 부상하는 새로운 정체성(동성애, 이슬 람)에 대한 배타성으로 이어진다.

근본주의 척도 중 자기 긍정의 배타적 내재화 척도(성서무오설, 성서 문자주의, 개인의 천국 구원) 간에는 서로 강한 상관관계가 있는 것으로 나타났다. 이 중에서도 성서문자주의와 성서무오설의 상관관계가 $r=.685(p<.001)$로 상당히 높았으며, 성서문자주의와 개인의 천국 구 원 간의 상관관계가 $r=.538(p<.001)$로 두 번째지만 역시 상당히 높

았다.

자기 긍정의 배타적 내재화와 정체성 불안의 외면화 척도 간에도 높은 상관관계를 보이는 경우가 많았는데, 정체성 불안의 외면화 척도들은 거의 일관되게 성서무오설 〉 성서문자주의 〉 개인의 천국 구원 순으로 상관관계가 높았다(이슬람만 성서문자주의가 가장 높았다). 성서무오설이 정체성 불안의 외면화 척도들과 가장 높은 상관관계를 갖는다고 할 수 있다.

〈표 3〉 근본주의 척도 간의 상관관계

		자기 긍정의 배타적 내재화			타종교에 대한 긍정			전통적 배타성		새로운 배타성	
		성서무오설	성서문자주의	개인의 천국구원	진리성	구원가능성	선함	진화론	공산주의	동성애	이슬람
자기 긍정의 배타적 내재화	성서무오설										
	성서문자주의	.685									
	개인의 천국구원	.433	.538								
타종교에 대한 긍정	진리성	-.510	-.429	-.265							
	구원가능성	-.642	-.475	-.350	.687						
	선함	-.225	-.200	-.126	.318	.213					
전통적 배타성	진화론	.566	.466	.359	-.516	-.574	-.248				
	공산주의	.200	.198	.167	-.123	-.152	-.059	.289			
새로운 배타성	동성애	.505	.466	.328	-.429	-.485	-.234	.556	.400		
	이슬람	.341	.346	.288	-.268	-.319	-.134	.388	.417	.557	

* P 〈 .05** P 〈 .01*** P 〈 .001

(Pearson 상관계수, N=1,000)

전통적 배타성과 새로운 배타성 간의 상관관계도 고르게 높은 것으로 나타났다. 진화론 반대와 동성애 반대, 이슬람 국내 유입 반대의 상관관계는 차례로 $r=.556(p<.001)$, $r=.388(p<.001)$이었고, 공산주의 배격과 동성애 반대, 이슬람 국내 유입 반대의 상관관계는 차례로 $r=.400(p<.001)$, $r=.417(p<.001)$로 나타났다. 특히 공산주의 배격의 경우에는 다른 척도들(자기 긍정의 배타적 내재화, 타종교에 대한 긍정)과의 상관관계와 비교할 때(가장 높은 경우 $r=.200$), 외부의 적을 명시적으로 설정하는 척도들과 훨씬 더 높은 상관관계를 보였다(가장 낮은 경우 $r=.289$).

유일하게 유의미한 상관관계를 보이지 않은 경우는 공산주의 배격과 타종교의 선함 간의 관계에서였는데, 이 두 척도는 각각 다른 척도들과의 상관관계가 비교적 낮게 나타나고 있으며, 그러한 경향은 둘과의 상관관계에서는 유의수준 0.1에서 $r=-.059$로 더욱 약하게 이어졌다.

3. 변량분석

연령과 예배 참석 빈도[17] 각각과 이 둘의 상호작용 효과가 정체성

---

17 설문에서는 예배 참석 빈도를 8개 집단으로 나누었으나, 분산분석에 사용할 때는 이 구간을 "일주일에 3회 이상, 일주일에 1~2회, 한 달에 3회 이하, 교회 안 나감"의 4개 집단으로 단순화하였다. 8개 집단으로 분산분석을 시행할 경우에는 사후검정 등에서 지나치게 많은 측정이 시행되어야 하지만, 그러한 측정의 결과가 4개 집단으로 단순화한 경우보다 분석의 이득이 크지 않기 때문이다. 그러나 회귀분석에서는 8개 집단을

불안의 외면화 척도들(배타성 척도들)과 유의미한 관계가 있는지를 확인하기 위해 연령과 예배 참석 빈도를 독립변인으로, 정체성 불안의 외면화 척도들을 종속변인으로 해서 이원배치 분산 분석을 시행했다. 이 분석의 결과, 예배 참석 빈도의 효과가 정체성 불안의 외면화 척도들, 즉 배타성 척도들에 가장 큰 영향을 미치는 것으로 나타났다. 이 결과를 바탕으로 예배 참석 빈도에 따라 근본주의적 성향이 유의미한 차이가 있는지를 확인함으로써 예배 참석 빈도에 따라 구분한 집단 간 근본주의적 경향이 유사성을 갖는 정도를 파악하기 위해 예배 참석 빈도를 독립변인으로, 자기 긍정의 배타적 내재화 척도들 및 타종교에 대한 긍정 척도들을 종속변인으로 하여 일원배치 분산분석을 시행했다.

1) 연령×예배 참석 빈도 이원배치 분산분석(two-way ANOVA)

진화론 반대를 종속변인으로 한 이원배치 분산분석에서는 연령($F=3.269$, $p<.05$)과 예배 참석 빈도($F=11.091$, $p<.001$)의 주효과는 물론 상호작용($F=1.976$, $p<.01$)에서도 유의미한 결과가 나타났다. 연령에 따라, 예배 참석 빈도에 따라, 연령과 예배 참석 빈도의 상호작용에 따라 각각 진화론을 반대한다는 의견에 차이가 있다.

공산주의 배격을 종속변인으로 한 이원배치 분산분석에서는 예배 참석 빈도($F=2.559$, $p<.05$)의 주효과만 유의미한 결과가 나타났다.

그대로 사용하여 수량화하였다(각주 18 참조).

즉, 예배 참석 빈도에 따라 공산주의를 배격한다는 견해에 차이가 있다. 반면, 연령의 주효과나 연령과 예배 참석 빈도의 상호작용의 효과는 나타나지 않았다.

동성애 반대를 종속변인으로 한 이원배치 분산분석에서는 연령(F=6.714, p<.001)과 예배 참석 빈도(F=13.545, p<.001)의 주효과는 유의미한 결과가 있었지만, 연령과 예배 참석 빈도의 상호작용은 유의미한 효과가 나타나지 않았다. 연령에 따라, 예배 참석 빈도에 따라 각각 동성애를 반대한다는 의견에 유의미한 차이가 있다. 하지만 이 두 변인의 상호작용 효과에 의해 동성애를 반대한다는 의견에는 유의미한 차이가 없다.

이슬람 국내 수용 반대를 종속변인으로 한 이원배치 분산분석에서는 예배 참석 빈도(F=6.834, p<.001)의 주효과만 유의미한 결과를 보였다. 다시 말해 예배 참석 빈도에 따라 이슬람의 국내 수용을 반대한다는 의견에 차이가 있지만, 연령에 따라, 연령과 예배 참석 빈도의 상호작용에 따라 이슬람의 국내 수용을 반대한다는 의견에서 유의미한 차이가 나지 않는다.

이러한 결과를 종합해서 볼 때, 정체성 불안의 외면화 척도들에 가장 두드러진 영향을 미치는 것은 예배 참석 빈도임을 확인할 수 있다. 예배 참석 빈도는 정체성 불안의 외면화 척도들 모두에 있어서 높은 신뢰도로 영향을 끼친다(표 4 참조). 연령 차는 진화론과 동성애에 대한 반대 의견 차이에 영향을 주지만 공산주의 배격이나 이슬람 국내 수용 반대 의견에는 별다른 영향을 끼치지 않는다. 연령과 예배 참석 빈도의 상호작용은 진화론을 반대한다는 의견에서만 차이를 유발하는 효과가 있다.

〈표4〉 연령×예배 참석 빈도 이원배치 분산분석(개체-간 효과 검정)

종속변인	변량(독립변인)		제3유형 제곱합	자유도	평균제곱	F	유의확률
전통적 배타성	진화론 반대	연령(SQ2)	19.056	4	4.764	3.269	.011
		예배 참석 빈도(DQ7)	113.124	7	16.161	11.091	.000
		SQ2×DQ7	77.742	27	2.879	1.976	.002
	공산주의 배격	연령(SQ2)	8.461	4	2.115	1.758	.135
		예배 참석 빈도(DQ7)	21.549	7	3.078	2.559	.013
		SQ2×DQ7	30.046	27	1.113	.925	.576
새로운 배타성	동성애 반대	연령(SQ2)	37.611	4	9.403	6.714	.000
		예배 참석 빈도(DQ7)	132.789	7	18.970	13.545	.000
		SQ2×DQ7	44.336	27	1.642	1.172	.249
	이슬람 국내 수용 반대	연령(SQ2)	.925	4	.231	.188	.945
		예배 참석 빈도(DQ7)	58.951	7	8.422	6.834	.000
		SQ2×DQ7	36.616	27	1.356	1.100	.331

2) 예배 참석 빈도 일원배치 분산분석(one-way ANOVA)

예배 참석 빈도를 독립변인으로 하고 근본주의 척도들(자기 긍정의 배타적 내재화, 타종교에 대한 태도) 각각을 종속변인으로 하여 일원배치 분산분석을 시행한 결과, 모든 척도들에 대해서 예배 참석 빈도의 집단 간 차이가 유의미한 것으로 나타났다(표 5 참조). 자기 긍정의 배타적 내재화를 표시하는 성서무오설은 F=80.963, p<.001 성서문자주의는 F=51.878, p<.001, 개인의 천국 구원은 F=19.690, p<.001로서

〈표 5〉 예배 참석 빈도에 따른 근본주의 척도들의 분산분석 결과

종속변인			제곱합	df	평균제곱	F	유의확률
자기 긍정의 배타적 내재화	성서 무오설	집단 간	262.495	3	87.498	80.963	.000
		집단 내	1076.400	996	1.081		
		합계	1338.895	999			
	성서문자 주의	집단 간	201.734	3	67.245	51.878	.000
		집단 내	1291.028	996	1.296		
		합계	1492.762	999			
	개인의 천국 구원	집단 간	84.245	3	28.082	19.690	.000
		집단 내	1420.489	996	1.426		
		합계	1504.734	999			
타종교에 대한 태도	타종교의 진리성	집단 간	242.126	3	80.709	56.547	.000
		집단 내	1421.581	996	1.427		
		합계	1663.707	999			
	타종교의 구원 가능성	집단 간	391.206	3	130.402	83.268	.000
		집단 내	1559.791	996	1.566		
		합계	1950.998	999			
	타종교의 악함	집단 간	22.743	3	7.581	6.707	.000
		집단 내	1125.784	996	1.130		
		합계	1148.527	999			

모든 척도에 대해서 예배 참석 빈도의 집단 간 차이가 대단히 분명하게 나타나고 있다. 타종교에 대한 태도를 확인할 수 있는 타종교의 진리성은 $F=56.547$, $p<.001$, 타종교의 구원가능성은 $F=83.268$, $p<.001$, 타종교의 악함은 $F=6.707$, $p<.001$로서 이 척도들에 대해서도 예배 참석 빈도의 집단 간 차이가 분명하게 나타났다. 집단 간 차이가 이 중에서 가장 약하게 나타난 경우는 타종교의 악함을 평가하는 데서, 즉 타종교의 윤리적 평가에서였으나, 이조차도 상당한 신뢰수준에서 충분히 명확한 차이를 보이고 있다고 할 수 있다.

근본주의 척도들 각각에 따른 예배 참석 빈도의 집단 간 차이에 관한 위 분산분석의 결과를 Scheffe 사후검정하였다. 예배 참석 빈도가 4개 집단으로 구분되므로 집단 간 다중비교는 근본주의 척도 하나 당 $_4P_2$ $=12$개가 시행되어야 하며, 근본주의 척도가 총 6개로 되어 있으므로 전체적으로는 총 72개의 자료가 나와야 한다. 이렇게 산출된 결과들은 거의 대부분 유의확률 .000으로 매 척도마다 집단 간 차이가 유의미한 것으로 나타났다. 그러나 몇 개의 결과는 유의확률이 크게 나오는 경우가 있어 여기에서는 72개의 모든 자료들을 싣지 않고 특이사항을 볼 수 있는 이 결과들만 선별하여 표 6에 정리하였다.

표6에서 볼 수 있듯, 유의확률이 .000보다 크게 나온 경우라 하더라도 유의수준 .05에서 유의미한 결과들(한 달에 3회 이하 출석 집단과 교회에 안 나가는 집단 사이의 성서무오설 응답값의 평균차, 일주일에 1~2회 출석 집단과 한 달에 3회 이하 출석 집단 사이 그리고 일주일에 1~2회 출석 집단과 교회에 안 나가는 집단 사이의 개인의 천국 구원 응답값의 평균차)도

있어서 이러한 경우에는 특이사항으로 보기 어렵다.

〈표 6〉 Scheffe 사후검정 (다중비교) 결과 중 유의확률이 .000이 아닌 항목

종속변인		예배 참석 빈도(I)	예배 참석 빈도(J)	평균차 (I-J)*	표준 오차	유의 확률	95% 신뢰구간	
							하한값	상한값
자기 긍정의 배타적 내재화	성서 무오설	한 달에 3회 이하	교회 안 나감	.380*	.126	.028	.0276	.733
	성서 문자주의	한 달에 3회 이하	교회 안 나감	.314	.138	.159	-.072	.701
	개인의 천국 구원	일주일에 1~2회	한 달에 3회 이하	.311*	.095	.014	.045	.577
			교회 안 나감	.373*	.132	.046	.004	.742
		한 달에 3회 이하	교회 안 나감	.062	.145	.980	-.344	.467
타종교에 대한 태도	타종교의 진리성	한 달에 3회 이하	교회 안 나감	-.251	.145	.393	-.656	.155
	타종교의 구원 가능성	한 달에 3회 이하	교회 안 나감	-.242	.152	.469	-.666	.183
	타종교의 악함	한 달에 3회 이하	교회 안 나감	-.093	.129	.914	-.454	.268

* P < .05

하지만 한 달에 3회 이하 출석 집단과 교회에 안 나가는 집단 간에는 성서무오설의 경우를 뺀 다섯 가지 척도 모두에서 평균값 간에 유의미한 차이를 보이지 않았다. 이 사실은 예배 참석 빈도의 집단 간에는 자기 긍정의 배타적 내재화 척도와 타종교에 대한 태도 척도 모두에 있어서 차이를 보인다는 전반적인 경향에도 불구하고, 매주 주일성

수를 하지 않는 집단과 교회에 아예 나가지 않는 개신교인 집단 사이에 근본주의적 신앙과 관련한 차이가 별로 나타나지 않음을 보여준다.

4. 회귀분석

회귀분석은 세 가지 방향에서 진행했다. 먼저, 연령을 독립변인으로 하고 예배 참석 빈도를 종속변인으로 하는 회귀분석을 시행함으로써 연령에 따른 예배 참석 빈도의 변화에 유의미한 효과가 있는지를 살피고자 했다. 둘째, 연령의 증가가 정체성 불안의 외면화 척도들(배타성 척도들)의 증감에 영향을 주는지, 영향을 준다면 그 영향의 정도는 어느 정도인지를 확인하기 위해 연령을 독립변인으로 하고 배타성 척도들을 종속변인으로 하여 회귀분석을 시행했다. 이 회귀분석은 개신교인과 비개신교인을 구분함으로써 그 결과를 비교 판단하고자 했다.

1) 연령에 의한 예배 참석 빈도의 증감 여부와 그 정도

연령을 독립변인으로 하고 예배 참석 빈도[18]를 종속변인으로 한 회귀분석 시행 결과, 연령에 대한 예배 참석 빈도의 회귀분석 모형이 적합한 것으로 나타났고(F=66.473, p<.001, 표7 참조), 그에 따라

---

18 예배 참석 빈도에 따른 집단 구분은 구간으로 나누어져 있는 변수이기 때문에 1개월 기준 평균으로 수치화하였다. 수치화 기준은 다음과 같다. ① 일주일에 7회 이상: 28 ② 일주일에 3~6회: 18 ③ 일주일에 1~2회: 6 ④ 한 달에 1~3회: 2 ⑤ 6개월에 2~3회: 0.4 ⑥ 1년에 1~2회: 0.13 ⑦ 1년에 1회 미만: 0.8 ⑧ 교회 안 나감: 0.

$y = 1.275x + 2.738 \,(\mathrm{p}\langle.001)$의 회귀식을 얻었다(표 8 참조). 따라서 연령이 한 구간 증가할 때마다(20대에서 30대로, 30대에서 40대로) 예배 참석 빈도는 1개월 평균 1.275회 증가한다고 추정할 수 있다.

〈표7〉 연령에 대한 예배 참석 빈도의 회귀모형 적합도 평가(ANOVA) 결과

	제곱합	자유도	평균제곱	F	유의확률
회귀	2736.347	1	2736.347	66.473	.000
잔차	41082.284	998	41.165		
전체	43818.631	999			

〈표8〉 연령에 의한 예배 참석 빈도의 회귀계수 추정

	비표준화 계수		표준화 계수	t	유의확률
	B	표준오차	베타		
(상수)	2.738	.512		5.349	.000
연령(x)	1.275	.156	.250	8.153	.000

2) 연령에 의한 정체성 불안의 외면화 척도들(배타성 척도들)의 증감 여부와 그 정도(개신교인)

연령을 독립변인으로 하고 정체성 불안의 외면화 척도들(배타성 척도들)을 종속변인으로 하여 회귀분석을 시행한 결과, 이슬람이 국내에 유입되는 것을 반대하는 것만 연령의 영향력이 없고, 나머지 배타성 척도들에 대해서는 연령의 차이가 영향을 미치는 것으로 나타났다(표 9

참조). 연령에 대한 진화론 반대의 회귀모형은 F=10.088, p<.01로, 공산주의 배격의 회귀모형은 F=23.134. p<.001로, 동성애 반대의 회귀모형은 F=63.594, p<.001로 각각 적합한 것으로 나타났다. 이에 따르면, 연령의 차이에 따라 배타성 정도의 증감폭이 큰 순서는 동성애 〉 공산주의 〉 진화론의 순이다.

진화론 반대의 회귀식은 $y = 0.100x + 3.102$(p<.01)로 연령이 한 구간씩 증가할 때마다 진화론 반대 점수는 0.100점 증가한다. 공산주의 배격의 회귀식은 $y = 0.063x + 2.785$(p<.01)로 연령이 한 구간씩 증가할 때마다 공산주의 배격 점수는 0.063점 증가한다. 동성애 반대의 회귀식은 $y = 0.243x + 3.043$(p<.001)로 연령이 한 구간씩 증가할 때마다 동성애 반대 점수는 0.243점 증가한다. 따라서 연령 차에 따른 동성애 반대의 증가폭이 셋 중에서 가장 높다는 사실을 확인할 수 있다(표 10 참조).

〈표 9〉 연령에 의한 배타성 척도들의 회귀모형 적합도 평가(ANOVA) 결과
(개신교인)

종속변인			제곱합	자유도	평균제곱	F	유의확률
전통적 배타성	진화론 반대	회귀	16.858	1	16.858	10.088	.002
		잔차	1667.733	998	1.671		
		전체	1684.591	999			
	공산주의 배격	회귀	28.163	1	28.163	23.134	.000
		잔차	1214.916	998	1.217		
		전체	1243.079	999			
새로운 배타성	동성애 반대	회귀	99.410	1	99.410	63.594	.000
		잔차	1560.061	998	1.563		
		전체	1659.471	999			

종속변인		제곱합	자유도	평균제곱	F	유의확률
이슬람 국내 유입 반대	회귀	.025	1	.025	.019	.891
	잔차	1299.950	998	1.303		
	전체	1299.975	999			

〈표 10〉 연령에 의한 배타성 척도들의 회귀계수 추정(개신교인)

종속변인		비표준화 계수		표준화 계수	t	유의확률
		B	표준오차	베타		
진화론 반대	(상수)	3.102	.103		30.080	.000
	연령(x)	.100	.032	.100	3.176	.002
공산주의 배격	(상수)	2.785	.070		39.766	.000
	연령(x)	.063	.021	.066	2.938	.003
동성애 반대	(상수)	3.043	.100		30.504	.000
	연령(x)	.243	.030	.245	7.975	.000

3) 연령에 의한 배타성 척도들의 증감 여부와 그 정도(비개신교인)

비개신교인을 대상으로 연령을 독립변인으로 하고 배타성 척도들을 종속변인으로 한 회귀분석을 시행한 결과, 진화론 반대만 연령의 영향이 없고, 나머지 배타성 척도들에 대해서는 연령의 차이가 영향을 미치는 것으로 나타났다(표 11 참조). 연령에 대한 공산주의 배격의 회귀모형은 F=22.915, p<.001로, 동성애 반대의 회귀모형은 F=89.720, p<.001로, 이슬람 국내 유입 반대의 회귀모형은 F=13.335, p<.001로 각각 적합한 것으로 나타났다. 이에 따르면, 비개신교인의 경우 연령의 차이에 따라 배타성 정도의 증감폭이 큰 순서는 동성애 〉 공산주의 〉

이슬람 국내 유입의 순이다.

공산주의 배격의 회귀식은 $y = 0.123x + 3.190$(p⟨.001)로 연령이 한 구간씩 증가할 때마다 공산주의 배격 점수는 0.123점 증가한다. 동성애 반대의 회귀식은 $y = 0.280x + 2.102$(p⟨.001)로 연령이 한 구간씩 증가할 때마다 동성애 반대 점수는 0.123점 증가한다. 이슬람 국내 유입 반대의 회귀식은 $y = -0.103x + 3.773$(p⟨.001)로 연령이 한 구간씩 증가할 때마다 이슬람 국내 유입 반대 점수는 0.103점 감소한다. 따라서 비개신교인에 있어서도 연령 차에 따른 동성애 반대의 증감폭이 셋 중에서 가장 높다는 사실을 확인할 수 있다(표 12 참조). 또 하나 특이한 것은, 이슬람 국내 유입 반대의 경우에는 연령이 높을수록 이슬람 국내 유입 반대 견해가 줄어들고 있다는 점이다. 이는 상대적으로 젊은층일수록 이슬람에 대한 경계 의식이 높을 공산이 크다는 뜻으로, 젊을수록 배타성이 높아지는 유일한 경우다. 개신교인의 경우에는 연령별 유의미한 차이가 나타나지 않았다.

〈표11〉 연령에 의한 배타성 척도들의 회귀모형 적합도 평가(ANOVA) 결과
(비개신교인)

종속변인			제곱합	자유도	평균제곱	F	유의확률
전통적 배타성	진화론 반대	회귀	1.044	1	1.044	.995	.319
		잔차	1047.020	998	1.049		
		전체	1048.064	999			
	공산주의 배격	회귀	25.600	1	25.600	22.915	.000
		잔차	1114.919	998	1.117		
		전체	1140.519	999			
새로운 배타성	동성애 반대	회귀	132.944	1	132.944	89.720	.000
		잔차	1478.807	998	1.482		
		전체	1611.751	999			

종속변인		제곱합	자유도	평균제곱	F	유의확률
이슬람 국내 유입 반대	회귀	17.915	1	17.915	13.335	.000
	잔차	1340.789	998	1.343		
	전체	1358.704	999			

〈표 12〉 연령에 의한 배타성 척도들의 회귀계수 추정(비개신교인)

종속변인		비표준화 계수		표준화 계수	t	유의확률
		B	표준오차	베타		
공산주의 배격	(상수)	3.190	.084		37.945	.000
	연령(x)	.123	.026	.150	4.787	.000
동성애 반대	(상수)	2.102	.097		21.708	.000
	연령(x)	.280	.030	.287	9.472	.000
이슬람 국내 유입 반대	(상수)	3.773	.092		40.927	.000
	연령(x)	-.103	.028	-.115	-3.652	.000

IV. 논의

　본 연구는 한국 개신교의 근본주의와 배타성 사이에 밀접한 연관이 있고, 이 연관성이 개신교의 배타성을 확장하고 있다는 기존의 연구들을 검토하고, 이를 바탕으로 한국교회의 미래를 전망하는 것을 목표로 한다. 이 목표에 체계적으로 접근하기 위해, 근본주의 개념의 역사적 근거에 따라 근본주의 척도를 자기 규정과 타자 규정으로 이분하여, 전자를 "자기 긍정의 배타적 내재화"(성서무오설, 성서문자주의, 개인의 천국 구원)로, 후자를 "정체성 불안의 외면화"(타종교에 대한 태도,

진화론 반대, 공산주의 배격)로 정의하여 설문통계분석을 시행하였다. 또한, 개신교 배타성의 확장 문제를 논의하기 위해 한기총이 직접 언급한 동성애와 이슬람을 새롭게 부상하는 개신교 배타성 측정의 대상으로 설정하여 분석을 시행했다.

나아가, 한국교회의 근본주의적 경향이 한국교회의 미래에 미칠 영향을 전망하기 위해 연령과 예배 참석 빈도를 주요 독립변인으로 하는 분산분석과 회귀분석을 시행하였다. 여기에는 독립변인들끼리의 관련성, 즉 연령과 예배 참석 빈도의 관련성을 검토하는 것도 포함됐다.

1. 자기 긍정의 배타적 내재화 척도와 정체성 불안의 외면화 척도의 밀접한 연관성

① 근본주의 척도의 기본통계 결과는 한국 개신교의 배타성이 전반적으로 비개신교인보다 높다는 사실을 보여준다.

기본통계에 의하면 한국 개신교인의 자기 긍정의 배타적 내재화 정도는 1982년의 통계와 비교할 때 많이 완화된 것으로 추측할 수 있다. 1982년에 측정된 것은 축자영감설(92.3%)로 성서무오설(59.8%)과 설문 내용 자체의 차이가 있기는 하나, 두 개념이 밀접한 관계가 있다는 것을 전제할 때 성서의 내용을 맹목적으로 수용하는 경향이 많이 완화되었다고 할 수 있다. 한국 개신교인의 타종교에 대한 배타적 태도(진리성 긍정 58.7%, 구원가능성 긍정 33.1%, 악함 부정 58.4%)와 진화론에 대한 거부감(45.9%) 또한 극단적으로 높지 않다는 사실을 확인할 수 있다.

그럼에도 불구하고, 비개신교인과 비교했을 때 한국 개신교인의 정체성 불안의 외면화 척도들, 즉 배타성 척도들 전반이 여전히 높다는 사실을 확인할 수 있다(그림 2 참조). 특히, 진화론 반대(45.9%)를 제외한 나머지 세 개의 배타성 척도(공산주의 배격 71.2%, 동성애 반대 62.3%, 이슬람 국내 유입 반대 68.4%)는 비개신교인과 비교해서 뿐만 아니라 절대적인 수치에 있어서도 상당히 높다는 점에서 한국 개신교인의 배타성이 매우 높다는 사실을 확인할 수 있다.

② 상관계수 분석은 근본주의 척도들 간의 상관관계가 상당함을 보여주는 한편, 한국 개신교의 강한 배타성이 정치적 요인과 관련될 수 있음을 시사한다.

기본통계의 결과에 의하면, 자기 긍정의 배타적 내재화보다 정체성 불안의 외면화가 오늘날 한국 개신교의 현주소를 더 잘 설명하는 것처럼 보인다. 하지만 상관계수 분석은 자기 긍정의 배타적 내재화 척도들이 단지 한국 개신교의 근본주의를 규정하는 주요 요인이 되고 있지 못하는 것이 아니라, 오히려 정체성 불안의 외면화 척도들과 긴밀한 상관관계 속에서 여전히 한국 개신교의 근본주의를 규정하는 요인으로 작용하고 있음을 드러낸다. 그런데도 정체성 불안의 외면화 척도에 비하면 자기 긍정의 배타적 내재화 척도의 점수가 상대적으로 낮다는 사실은 자기 긍정의 배타적 내재화 척도 외의 다른 요인이 정체성 불안의 외면화 척도와 관련될 수 있다는 사실을 시사한다.

다른 한편, 자기 긍정의 배타적 내재화 척도 중 성서무오설이 정체성 불안의 외면화 척도들과 가장 강한 상관성을 보이고 있다는 사실에 주목해 볼 수 있다. 이는 외부의 낯선 대상을 배타적으로 보는 태도에 가장 큰 관련이 있는 내재화된 신앙이 사실적 진리를 판단하는 데 있다는 것을 시사한다. 반면, 종교 수행적 진리와 관련된 성서문자주의의 경우만 성서무오설보다 이슬람 국내 유입 반대와 더 밀접한 상관관계를 갖는 것으로 나타났는데, 이는 이슬람 국내 유입 반대 이유가 종교 수행적 평가, 즉 가치론적 평가와 더 밀접하며, 사실적 평가가 그 뒤를 잇는다는 것을 시사한다.

정체성 불안의 외면화 척도들은 서로 긴밀한 상관관계를 맺고 있는 것으로 나타났다. 다시 말해, 배타성 척도들은 전통적인 것이건 새로운 것이건 서로 밀접한 상관관계를 갖는다. 특히 공산주의 배격은 배타성 척도 중 진화론 반대($r=.289$)는 물론 다른 모든 근본주의 척도들과의 상관관계(가장 높은 경우 $r=.200$)보다 새로운 배타성 척도들과의 상관관계가 거의 두 배 이상 높다(동성애 반대 $r=.400$, 이슬람 국내 유입 반대 $r=.417$). 이와 더불어, 모든 배타성 척도 중에서 공산주의 배격이 가장 높은 배타성(5점 척도 평균 3.89, 긍정률 71.2%)을 갖는다는 사실은, 한국 사회에서 반공주의는 강력한 정치적 개념으로 작용해 왔다는 점에서, 한국 개신교 근본주의가 1980년대 후반 이후 정치화되어 왔다는 김진호의 분석을 지지할 뿐만 아니라, 새로운 배타성 척도들(특히 이슬람 국내 유입 반대) 또한 한국 개신교의 정치화와 관련되리라는 점을 시사한다. 이것은 긴밀한 상관관계를 맺고 있기는 하나 한국 개신교의 배타성 척도를 전부 설명하지는 못하는 자기 긍정의 배타적 내재화 척도들의 빈 자리를 정치, 사회적 요인이 채우고 있는 것일 수도 있다는 점에서 한국 개신교의 성장이 종교 외적인 사회, 경제, 정치적 요인과 긴밀하다는 한규무의 주장을 상기시킨다.

2. 한국 개신교의 근본주의적 배타성은 한국교회의 미래에 걸림돌이다

① 변량분석: 예배 참석 빈도는 한국 개신교의 근본주의 척도에 영향을 미치는 중요한 요인이다

이원배치 분산분석의 중요한 결론 중 하나는 예배 참석 빈도가 한국 개신교의 정체성 불안의 외면화 척도들 모두에게 높은 신뢰도($p < .001$)로 영향을 미친다는 사실이다. 이에 비하면, 예배 참석 빈도와 연령의 상호작용 효과는 진화론 반대의 경우에서 상대적으로 미미한 영향($F=1.976$, $p < .01$)을 끼치는 데 그친다. 또한 연령은 진화론과 동성애에서 유의미한 차이를 유발하고 공산주의와 이슬람에 대한 의견에는 유의미한 차이를 유발하지 못하는 것으로 나타났다.

한편, 일원배치 분산분석에서는 예배 참석 빈도가 자기 긍정의 배타적 내재화 척도들과 타종교에 대한 태도 척도들 모두에서 유의미한 차이를 보이는 것으로 나타났다. 다시 말해, 예배 참석 빈도가 높은 집단일수록 예배 참석 빈도가 그보다 낮은 집단에 비해 언제나 자기 긍정의 배타적 내재화 점수가 높으며, 타종교에 대한 배타적 태도 점수가 높다. 하지만 성서무오설을 제외한 나머지 다섯 개의 척도들에서 일관된 특이사항이 발견되는데, Scheffe 사후검정 결과 한 달에 3회 이하로 예배에 참석하는 집단과 교회에 안 나가는 집단 사이에 유의미한 차이가 나타나지 않는다는 점이다. 다시 말해 이 두 집단은 근본주의 척도 대부분에서 견해차가 별로 나지 않는다.

② 회귀분석: 연령과 예배 참석 빈도를 중심으로 한 분석은 한국교회의 미래를 보여준다

앞서 상관계수 분석의 결과는 배타성 척도들 중에서 공산주의 배격 척도를 중심으로 새로운 배타성 척도들을 평가하는 것이 요긴함을 시사했다. 이에 따라 연령을 독립변인으로 배타성 척도들 각각과 회귀 분석을 시행한 결과 중 공산주의 배격 척도와 동성애 반대, 이슬람 국내 유입 반대 척도의 경우에 주목할 필요가 있다.

개신교인의 경우에는 공산주의 배격 척도와 동성애 반대 척도가 연령의 영향을 받는다. 이슬람 국내 유입 반대 척도의 경우에는 분산 분석에서도 연령의 효과를 발견하지 못했는데, 이는 회귀분석의 결과로도 다시 확인할 수 있었다. 비개신교인의 경우에는 공산주의 배격 척도와 동성애 반대 척도는 물론 이슬람 국내 유입 반대 척도에서도 연령차에 따른 영향력이 확인된다. 다만, 비개신교인의 경우에는 이슬람의 국내 유입을 반대하는 경향이 젊을수록 커진다는 점에서 다른 배타성 척도의 경우와 사뭇 다르게 나타났다. 개신교인이건 비개신교인이건 연령이 유의미한 영향을 끼치는 모든 다른 척도들은 나이가 많을수록 배타성 점수가 높아지는 것으로 나타났지만, 비개신교인의 이슬람 국내 유입 반대 척도에서만 그 반대의 경우가 관측된 것이다. 하지만 이것은 비개신교인 젊은이들이 이슬람에 더욱 배타적이라는 사실을 말해주지는 않는다. 다만 한국 개신교인은 연령과 상관없이 "고르게" 이슬람의 국내 유입에 비개신교인보다 높은 비율로 반대하고 있다면, 비개신교인 젊은이들(20대의 경우 57.1% 반대)은 개신교인 젊은이들(20대의 경우 69.1% 반대)에 비해서는 상대적으로 적은 비율로 이슬람 유입에 반대하지만, 다른 연령대의 비개신교인에 비하면 조금 높은 비율로 반대한다는 사실만을 알려줄 뿐이다. 그렇더라도 젊은층의 배타성이 증가하는 이러한 사례의 원인을 밝히는 것은 향후 과제로 남는다.

연령을 독립변인으로 예배 참석 빈도와의 회귀분석을 시행한 결과는 연령차에 따라 예배 참석 빈도에 영향이 있으며, 나이가 많을수록 예배 참석 빈도도 높아진다는 사실을 알려준다. 이 사실을 변량분석의 몇몇 결과 및 다른 회귀분석의 몇몇 결과와 연관지어 검토해보면, 현재 한국 개신교회가 보이고 있는 근본주의적 태도, 특히 배타적인 태도의 미래를 판단해 볼 수 있다.

이원배치 분산분석에 의하면 공산주의 배격 척도는 예배 참석 빈도에는 영향을 받지만, 연령이나 연령과 예배 참석 빈도의 상호작용 효과에는 유의미한 영향을 받지 않는다. 회귀분석의 경우에는 연령에 따라 공산주의 배격 척도가 영향을 받는 것으로 나타나긴 하였으나, 회귀계수가 0.063으로 20대와 60대 사이의 차이가 최대 약 0.25점에 불과하여 미미하다. 앞서 상관계수 분석에서도 보았듯이 공산주의 배격 척도는 다른 배타성 척도들과의 상관성을 제외하고는 여타 근본주의 척도들과의 상관성이 r=.200 이하로 높지 않은 편이었다. 이상의 결과들은 공산주의 배격이야말로 다른 변인들과의 관계에 큰 영향을 받지 않는 한국 개신교의 근본적인 근본주의적 특성, 나아가 한국 개신교 일반의 흔들리지 않는 근원적인 특성일 수 있음을 강력하게 시사한다.

새로운 배타성들이 이 배타성과 관련하여 득세하고(상관계수 분석의 결과), 이러한 모든 배타성 척도들에 예배 참석 빈도가 관련된다는 사실 그리고 예배 참석 빈도를 주도하는 것은 고연령층이라는 사실은 갈수록 고령화되고 있는 한국교회의 현재를 설명한다. 한국의 개신교는 반공주의를 중심으로 새로운 배타성들과 결합한 근본주의의 영향 하에 있다. 이러한 경향을 주도하고 있는 것은 예배에 열심인 고령층이지만, 그렇다고 개신교 내 젊은층이 반공주의를 중심으로 한 배타성에 제동을 걸 만한 세력이 되긴 힘들 것 같다. 이러한 젊은층이라면 예배 참석 빈도가 적은 젊은이들이어야 하는데, 예배 참석 빈도가 적다는 사실이 말해주듯, 이 사실로 인해 이들이 교회 내에서 영향력 있는 세력으로 성장할 가능성 또한 적기 때문이다. 더욱이 예배 참석 빈도가 한 달에 3회 이하인 신자들과 교회에 나가지 않는 신자들의 근본주의 척도들에 대한 태도가 거의 대동소이하다는 일원배치 분산분석의 결과는 근본주의 척도들을 분석함에 있어 이 두 집단을 하나로 묶어서 분석해도 무방함을 시사한다. 그런데 그림 7에서 보듯 이 둘을 묶은 결과는 연령이 젊을수록 이들의 비율이 가파르게 증가한다는 사실이다(20대 42%). 이미 회귀분석을 통해서도 밝혔듯이 연령이 낮을수록 예배 참석 빈도도 적어지는 경향이 있다. 이 모든 사실은 한국교회의 미래를 설명한다. 그것은 기본통계분석 말미에서 이미 예상했던 바로 그 미래다. 따라서 이 시점에서 다시 그 기본통계결과의 예측을 확언하듯 반복해야 하겠다. "제도 교회가 근본주의적 대안에서 벗어나 시대정신과의 교감 속에서 새로운 대안적 기독교를 제시하지 못한다면, 제도 교회로부터 이탈하는 개신교 젊은이들이 점증할 것으로 보인다. 교회에 출석하지 않는 개신교인들이야말로 한국 개신교의 미래를 보여주는 시금석이다."

참고문헌

권진관. "냉전과 한국 개신교 — 냉전 체제로 구조화된 한국 개신교에 대한 한 분석." 「신학과 사회」 31.2 (2017. 01): 9-43.

고지수. "1960년대 개신교 지식인의 '세속화' 수용과 교회의 사회화 문제." 「인문과학」 72 (2019. 02): 241-278.

김진호. "개신교의 배타주의와 타자의 악마화." 「맘울림: 깊고 넓고 맑은 삶을 위하여」 38 (2015.12): 109-124.

노컷뉴스. "한기총 대표회장에 전광훈 목사 당선." 2019년 1월 29일: https://www.nocutnews.co.kr/news/5097063.

이철. "개신교 보수교단 지도자들의 어제의 정교분리 오늘의 정치참여 — 분리에서 참여로의 전환에 대한 이유와 명분에 대한 연구." 「대학과 선교」 37 (2018.01): 143-176.

최대광. "기독교 근본주의의 정의와 미국과 한국의 기독교 근본주의." 「기독교사상」 620 (2010. 08): 34-54.

최현종. "사회진보와 종교의 역할." 「담론 201」 18.1 (2015. 01): 101-120.

한국기독교사회문제연구원 편. 『한국교회 100년 종합조사연구: 보고서』. 서울: 한국기독교사회문제연구원, 1982.

한규무. "근대시기 전통사상과 서구사상의 만남 — 개신교와 타종교의 관계를 중심으로." 「한국사상사학」 50 (2015.08): 147-179.

Kim, Sung Gun. "The Place of Evangelical Protestantism in the Korean Public Sphere." *Discourse201* 20.2 (2017): 143-170.

한국 개신교는 진정 극우적인가

: "2019 주요 사회 현안에 대한 개신교인 인식조사"에 대한 기독교 윤리적 비평과 성찰

이상철*

I. 들어가며

주말마다 광화문 광장을 점령한 전광훈 목사가 주도하는 태극기 집회는 어느덧 우리 사회의 자연스러운 일상이 되었다. 광화문 광장을 지날 때마다 동시대를 살아가는 시민으로서, 목회자로서, 신학자로서

---

* 크리스챤아카데미 원장, 한신대학교 겸임교수

안타까운 마음을 금할 수 없다. 더욱 우리를 당혹스럽게 하는 것은 한국 개신교가 혐오와 배제의 메커니즘을 기반으로 작동하는 극우정치의 배후라는 소문이다. 어쩌다 한국 개신교는 그런 오명을 쓰게 되었을까? 아니 그보다 먼저 확인해야 할 것은 한국 개신교는 진정 극우적인가? 사람들은 어쩌면 한국 개신교에 대한 별다른 정보와 근거 없이 성급한 일반화의 오류를 자행하고 있는 것은 아닐는지…. 이런 물음과 문제의식에서 필자는 본 연구단의 정치 분야 관련 프로젝트에 참여하게 되었고, 과제를 수행해 가면서 보다 객관적이고 납득할 만한 한국 개신교의 정치 의식과 어떻게 조우할 수 있을지 고민하였다.[1] 이 원고는 그 결과물 중 일부라 할 수 있다.

이러한 문제의식을 바탕으로 글의 전반부에서 극우주의 일반에 대한 이해와 정의를 먼저 소개할 것이다. 그런 다음 이번 설문조사에서 나타난 신앙관과 사회문제 의식 분석을 통해 한국 개신교인들의 사고가 과연 극우적인지에 대해 따질 것이다. 후반부에 가서는 전광훈 현상을 바라보는 한국 개신교인들의 정치의식을 종합적으로 검토하면서 한국 개신교와 극우주의 간 상관성을 규명하고자 한다. 그 과정을 통해 필자는 결론적으로 한국 개신교가 추구해야 할 극우주의에 반하는 윤리학에 대한 제안을 할 것이다.

---

1 한국기독교사회문제연구원이 "2019 주요 사회 현안에 대한 개신교인 인식조사"를 실시하였다. 한국 사회의 주요 현안을 정치, 경제, 통일과 평화, 젠더, 생태위기, 신앙의 여섯 가지 영역으로 나누어 통계연구를 진행하였고, 그에 대한 결과와 분석이 「기독교사상」 (2019년 11월호)에 게재되었다.

II. 극우주의란 무엇인가?

미국의 정치철학자 폴 슈메이커(Paul Shumaker)는 19세기 이후 발생한 정치이론을 다음과 같이 열두 가지로 분류한다.[2] 슈메이커의 분류에 의하면 극우주의는 '극단적 우파'라 할 수 있다. 이들은 인간을 "선한 존재 또는 악한 존재로 간주한다."[3] 극우주의자들은 인간의 본성을 극단적 이원론에 입각해 분류하고, 이를 바탕으로 '선/악'과 '우/열'의 카테고리를 정당화하였다. 그리고 그것은 역사의 전개 과정에서 타자에 대한 배제와 혐모와 폭력의 매카니즘으로 작동하였다.

이러한 인간학을 바탕으로 한 극우주의자들의 사회론을 요약하면 동질적인 사회를 모색한다는 점이다. 나치의 아리안주의 같이 극우주의자들은 인간 집단의 원형질과 같은 존재론적 실체를 믿는다. 그들은 집단의 역사성, 내지 현상학에 관심하지 않는다. 자신들이 속한 공동체는 태생적으로 무균, 무해하므로 자신들에게 침입하는 이질적 존재는 막아야 한다. 이런 까닭에 현대 사회의 다원주의적 경향에 대해서 그들은 비판적이다.[4]

인식론적인 측면에서 극우주의자들은 권위 있는 경전에 기댄다.[5]

---

2 열두 가지 이념은 다음과 같다: 전통적 보수주의, 고전적 자유주의, 아나키즘, 마르스크주의, 공산주의, 파시즘과 나치즘, 현대 자유주의, 현대 보수주의, 급진적 우파, 급진적 좌파, 극단적 우파, 극단적 좌파.

3 폴 슈메이커/ 조효제 옮김,『진보와 보수의 12가지 이념』(서울: 후마니타스, 2010), 310.

4 위의 책, 343-344.

미국의 우파 가운데 미국 건국의 시조와 독립선언서, 미국 헌법을 받들면서 현재 자신들의 입장을 개진하는 경우가 많다. 이러한 태도는 신학에서 성서를 '축자영감설'에 입각해 바라보는 시각과 동일하다. 일점일획이라도 훼손하거나 텍스트 이외의 논리를 들이대면 이단이 되어 마녀사냥의 대상이 되었던 사건을 우리는 많이 목도한 바 있다. 이렇듯 극우주의자들은 해석의 다양성에 눈과 귀를 닫은 채 문자 그대로의 권위에 경도되어 있다.

극우주의자들은 헌법이 보장하는 시민권에 대한 범위를 협소하게 해석한다. 한마디로 공동체의 새로운 시민으로 편입되려는 외부인에 대해 배타적이라는 말이다. 이들의 목표는 일관된 시민권의 법칙을 유지하여 공동체의 전통을 수호하고, 그 사회의 기득권을 계속 지탱하는 것이다.6 사회구조와 관련하여 눈여겨보아야 할 극우주의 특징 가운데 또 다른 하나는 신정체제를 모색한다는 점이다. 다양한 입장이 개진되는 현대 시민사회를 부정하면서 극우주의자들은 종교단체나 군대의 일원 같은 조직원으로 구성원을 파악하고자 한다. 그리하여 일사분란한 통제와 규율이 통용되는 사회를 꿈꾼다.7 이런 까닭에 극우주의자들은 사회 변화에 대해 퇴행적, 반동적 태도를 취한다. 그들은 현 사회의 모습과 변화에 대해 불만과 두려움에 사로잡혀 있고. 사회 변화의 큰 그림을 미래에 대한 전망에서 찾는 것이 아니라, 도덕적으로

---

5 위의 책, 388-390.

6 위의 책, 487-489.

7 위의 책, 538-540.

확실했던 과거로의 회귀를 통해 마련하고자 한다.[8] 한국 사회에서 박
정희와 이승만에 대한 신화와 서사가 사라지지 않고 끊임없이 재생되
는 것은 이러한 극우주의자들의 변화에 대한 입장이 사라지지 않고 면
면히 이어지고 있기 때문이라 할 수 있다.

지금까지 필자는 극우주의자들이 지닌 인식론, 사회관, 공동체론,
인식론, 시민권과 변화에 대한 입장을 살펴보았다. 어느 정도 극우주
의의 모습이 그려지는가? 다음 장에 가서는 인식조사 결과에 나타난
한국 개신교의 극우주의 척도에 대해 논해보기로 하겠다.

III. 한국 개신교의 신앙관과 극우주의

크게 세 가지 부분 ① 근본주의 척도, ② '교회 밖 구원'과 타종교의
진리관, ③ '성서무오설'과 내세관에 관한 조사 결과를 토대로 한국 개
신교의 신앙관과 극우주의의 상관관계에 대한 논의를 도모하는 것이
이 장에서 다루어질 내용이다.

1. 근본주의 척도: 진화론, 공산주의, 동성애, 이슬람

개신교인과 비개신교인 사이 근본주의 척도(진화론, 공산주의, 동성

---

8 위의 책, 737-739.
9 한국기독교사회문제연구원, 『2019 주요 사회 현안에 대한 개신교인 인식조사 통계자

애, 이슬람)에 대한 질문에 있어서 견해의 차이는 극명했다.

[그림 1] 각 사회적 문제에 대한 의견[9]

① 전혀 그렇지 않다 ② 그렇지 않은 편이다 ③ 잘 모르겠다 ④ 그런 편이다 ⑤ 매우 그렇다

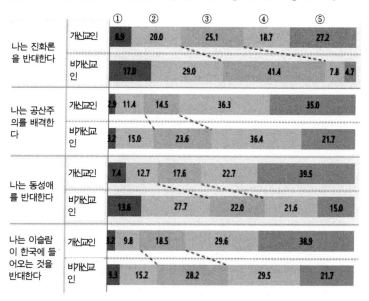

'나는 진화론을 반대한다'에 '그렇다'라고 답한 비율은 개신교인 43.5%, 비개신교인 12.5%였고, '나는 공산주의를 배격한다'에 '그렇다'는 개신교인 71.2%, 비개신교인 58.2%였다. '나는 동성애를 반대한다'에 '그렇다'라고 대답한 비율은 개신교인 62.3%, 비개신교인 36.6%였고, '나는 이슬람이 한국에 들어오는 것을 반대한다'에 '그렇

료집』(서울: 대한기독교서회, 2020), 238.

다'는 개신교인 68.4%, 비개신교인 51.2%였다.

앞서 극우주의 사회론의 특징에 대해 논하면서 공동체에 침입하는 이질적 존재에 대한 반감이 극우주의에는 뚜렷하다고 평한 바 있는데, 한국 개신교인들이 지니는 반공, 반동성애, 반이슬람 정서가 그에 해당하는 경우가 아닐까 싶다. 개신교인 2/3에 해당하는 사람이 반대하는 입장으로 나왔다. 반면, 진화론에 대한 반대 견해는 근본주의 다른 항목에 비해 많이 떨어지는 수치(그렇다: 43.5%)로 나왔는데, 이는 전통적인 신앙관에 대한 균열의 조짐으로 파악될 수 있고, 일반적 상식과 교양이 기존 성서적 진리의 패러다임에 변화를 가할 수 있음을 보여준다.

2. '교회 밖 구원'과 타종교의 진리관

개신교인을 대상으로 타종교의 진리관에 대한 의견과 '교회 밖 구원'에 대해 물었는데 결과는 다음의 표와 같다.

이 표에 의하면, '기독교 외의 다른 종교나 가르침에도 진리가 있다'에 '그렇다'(58.7%)라고 응답한 비율이 가장 높은 것으로 나타났다. 반면, '기독교 외의 다른 종교나 가르침에도 구원이 있다'에는 '그렇지 않다'라고 응답한 비율이 48.9%로 가장 높았다. 또한, '기독교 외의 다른 종교나 가르침은 악하다'에 '그렇지 않다'라고 응답한 비율이 58.4%였다. 즉, 전반적으로 2019년 개신교인은 다른 종교나 가르침에도 진리가 있음을 인정한다. 구원관에 있어서도 교회 밖 구원에 대해 48.9%

가 부정적으로 대답하였으나, 33.1%라는 만만치 않은 개신교인이 교회 밖 구원의 가능성에 대해 열린 마음을 갖고 있다.

[그림 2] 종교 관련 각 설명에 대한 의견(개신교인 대상)[10]

① 전혀 동의하지 않는 편이다 ② 동의하지 않는 편이다 ③ 잘 모르겠다 ④ 동의하는 편이다
⑤ 매우 동의한다

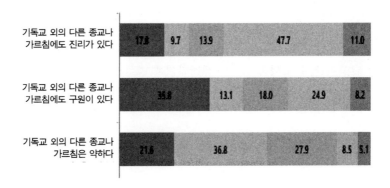

이와 비슷한 질문은 1982년도에도 물은 바 있었다. 다른 종교에 대한 설문에서 '모든 종교는 기독교와 같은 진리'(8.8%), '기독교가 가장 우월'(25%), '기독교 진리만이 참 진리'(62.6%)로 나타난 바 있다.[11] 종합하면, 37년 전 배타주의(exclusivism)적인 개신교에 비해, 2019년 한국 개신교는 타종교에 대한 부분, '교회 밖 구원'에 있어 다원주의까지는 아니지만, 포괄주의(inclusivism)로 넘어갔음을 느낄 수 있는 대

---

10 위의 책, 242.

11 한국기독교사회문제연구원 편, 『한국교회 100년 종합조사연구: 보고서』 (서울: 한국
기독교사회문제연구원, 1982), 80.

목이다. 앞서 극우주의에 대해 살펴보면서 일사분란한 신정체제를 극우주의는 추구한다고 설명한 바 있는데, '교회 밖 구원'과 타종교의 진리관을 수용하는 측면에서 많이 느슨해지고 있다는 점은 극우주의가 이전처럼 한국 개신교에서 작동할 수 있는 여지가 줄어들고 있음을 드러내는 유의미한 결과가 아닐까 싶다.

3. '성서 무오설'과 내세관에 대한 견해

1982년 개신교인을 대상으로 성서무오설에 대해 물었을 때, 92.3%가 지지하는 입장을 나타냈고,[12] 구원과 내세에 대한 부분은 91.5%가 '그렇다'라고 대답하였다.[13] 37년이 지난 2019년의 답변은 어떻게 변했을까?

한국 개신교의 신앙관과 극우주의를 주제로 2019년 설문조사와 1982년 조사를 비교하면서 37년 동안 한국 개신교의 극우주의적 수치가 어떤 변화가 있었는지 살폈다. 분명 과거에 비해 오늘의 한국 개신교인들은 "기독교만이 진리"라는 입장을 취하는 배타주의적인 신앙에서 탈피하여 합리적이고 열린 종교를 향해 서서히 가고 있다. 이러한 신앙을 포괄주의(혹은 포용주의)라 부르는데, 이들은 "타종교에도 진리가 있으나 기독교 진리는 독특하며 최종적인 것"이라 말한다. 그

---

12 한국기독교사회문제연구원 편, 『한국교회 100년 종합조사연구: 보고서』 (서울: 한국기독교사회문제연구원, 1982), 56.

13 위의 책, 57.

러나 한국 개신교는 "모든 종교는 결국 비슷한 진리를 가지고 있음"을 주장하는 말하는 다원주의(puralism)와는 확연한 거리가 있다.[14] 그렇다면 이런 종교적 변화가 구체적인 삶의 현장에서는 어떻게 나타나고 있을까? 정치 분야 설문조사를 바탕으로 전개되는 다음 장 '개신교인의 현실인식과 극우주의' 편에서 그 내용이 다루어질 것이다.

[그림 3] 개신교인 관련 각 설명에 대한 의견(개신교인 대상)[15]

① 전혀 그렇지 않다 ② 그렇지 않은 편이다 ③ 잘 모르겠다 ④ 그런 편이다 ⑤ 매우 그렇다

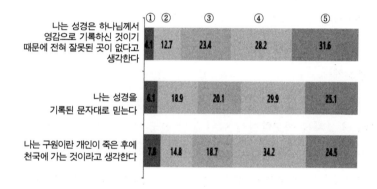

---

14 이원규, 『힘내라, 한국교회』 (서울: 동연, 2009), 114-118.

15 한국기독교사회문제연구원, 『2019 주요 사회 현안에 대한 개신교인 인식조사 통계자료집』 (서울: 대한기독교서회, 2020), 244.

IV. 한국 개신교의 현실 인식과 극우주의

앞에서 필자는 신앙 관련 인식조사에 나타난 극우주의 상관성을 논하였다. 이번 장에서는 좀 더 우리 삶의 현장에서 드러나는 극우주의와 관련된 논의를 다룬다. 타자에 대한 감수성의 문제와 2019년 우리 사회 쟁점이었던 사법 개혁, 검찰 개혁, 5.18 왜곡 등 삶의 정치와 극우주의에 대한 부분에 대해 생각해보기로 하겠다.

1. 타자에 대한 정치적 감수성의 문제

2018년 3월 청와대는 개헌안을 발표하면서 기본권의 주체를 '국민'에서 '사람'으로 확대하자고 제안한 바 있다. 이에 대한 의견을 물었는데 개신교인이 36.9% 찬성을 표시한 데 비해, 비개신교인은 39.2%로 개신교인보다 2.3% 높게 나타났다. 반대를 선택한 비율도 개신교인(25.5%)이 비개신교인(22.2%)의 경우보다 높았다.[16]

정치 철학적으로 볼 때 근대란 이전의 수직적 권력관계를 수평적으로 끌어 내리면서, 통치의 주체와 원리를 군주에서 People로 전환시킨 혁명의 시절이었다. 이때의 People은 정치의 주체이자 동시에 객체이다. 부연하면, 근대 민주주의의 발전과정에서 People은 법을 세우는 주체이자, 그 법을 수행하는 객체로 그 지위를 부여받았다는

---

16 한국기독교사회문제연구원, 『2019 주요 사회 현안에 대한 개신교인 인식조사 통계자료집』 (서울: 대한기독교서회, 2020), 63.

뜻이다. 고 · 중세까지는 통치와 복종이 다른 개념이었는데, 근대의 People 개념에 와서 통치와 복종은 하나로 이어졌다.

일정한 영토 안에 속한 정치의 주체이자 객체를 부르는 People을 일컫는 말이 국민이다. 기본권의 범위를 국민으로 한정시킨 것은 근대 국민국가가 탄생할 무렵 형성된 국가주의의 유산이라 할 수 있는데, 사회철학자 이택광은 이러한 근대 정치의 속성을 다음과 같이 극우주의와 연관하여 분석한다: "언제나 동의를 전제하는 근대의 민주주의는 실제로 동의하지 않는 이들을 합법적으로 배제할 수 있는 장치이기도 하다. 파시즘과 같은 극우주의는 이런 근대의 작동 원리와 연동하는 것이라고 볼 수 있다."[17]

이택광의 의견에 따른다면 근대 민주주의의 주체이자 객체인 국민은 어쩌면 '텅 빈 기표'일 수 있다. 그동안 현실 정치에서 국민의 이름으로, 국민들이 원해서, 국민의 뜻을 받들어 얼마나 많은 불합리와 모순과 갈등과 폭력이 난무했던가. 하지만 그들이 말하는 국민에 대한민국의 국민인 내가 포함되어 있었는지에 대해서는 의문이 간다. 과연 국민은 누구인가?

루이 알튀세르(Louis Althusser)의 호명이론은 어떻게 이데올로기가 예속적 주체를 산출하는지, 즉 어떻게 개인이 국민이 되는지를 설득력 있게 해명한다.[18] 국민에게 권위가 있다면 그것은 헌법에서 기본

---

17 박권일 외, 『지금, 여기의 극우주의』(서울: 자음과 모음, 2014), 221.
18 루이 알튀세르/김동수 옮김, "5장. 이데올로기와 이데올로기적 국가장치,"『아미엥에서의 주장』(서울: 솔출판사, 1991) 참조.

권의 주체를 국민으로 명시했기 때문이다. 대타자인 헌법이 나를 대한민국의 국민이라 불러주었기 때문에 내가 대한민국의 국민이 되는 것이지, 이상철 개인이 대한민국의 국민이라는 존재론적 근거는 어디에도 없다. 국가에 의해 이름이 호명되는 그 순간 텅 빈 주체였던 개인은 국가의 보호를 받을 수 있고, 동시에 국가에 의해 호명이 되지 않은 다른 존재와의 차별성이 부여되면서, 나는 대한민국의 국민인 나와 그렇지 않은 타자를 구분한다. 이것이 정체성의 정치학이 작동되는 기본 원리이다. 그렇다고 볼 때 청와대발 개헌안에서 '국민'에서 '사람'으로 기본권을 확대한 것은 제한된 영토와 국민 개념을 기반으로 한 정체성의 정치에서 벗어나, 다인종, 다문화 시대의 요청에 부응하는 제안이라 할 수 있다.

앞서 극우주의자들은 시민권의 범위를 협소하게 해석한다고 했는데, 이는 공동체로 편입하는 자들에 대한 진입장벽을 높이는 배타적 처사이다. 이에 반해 사람으로 기본권의 범위를 확대하는 것은 극우적인 발언과 행동에 반하는 것이라 할 수 있다. 인식조사 결과에 따르면 개신교인들이 비개신교인들에 비해 "기본권의 주체가 국민에서 사람으로 확대되는 것에 반대한다"라고 답한 비율이 높았다. 이것은 변화와 외부의 충격을 받아들이는 데 있어서, 기득권을 유지하는 욕망에 있어서, 타자에 대한 감수성의 측면에서도 상대적으로 보수적인 입장을 취하고 있는 개신교의 현실을 드러내는 지표라 할 수 있다.

이러한 경향은 '난민'에 대한 반응에서 확연히 드러났다. '난민은 이슬람 등 불온한 문화를 전파하므로 임시 보호라도 받아들여서는 안

된다'고 답한 적극 반대층이 개신교인은 23.0%, 비개신교인은 18.1%로 나타났다. 5% 가까운 차이다. 평화와 화해와 환대의 종교인 그리스도교가 오히려 비신자보다 못한 타자에 대한 감수성을 드러내 보이고 있다는 것은 어떠한 이유에서일까? 유독 한국 개신교에서만 나타나는 현상인지, 아니면 개신교 일반의 현상인지에 대한 논의도 필요하고, 그렇다면 왜 그런지에 대한 심층적인 연구 또한 요청된다.

[그림 4] 난민에 대한 의견[19]

① 임시로 보호한 후 다른 나라로 가도록 조치해야 한다
② 인권을 보장하는 차원에서 받아들이고 보호해야 한다
③ 난민은 이슬람 등 불온한 문화를 전파하므로 임시 보호라도 받아들여서는 안된다

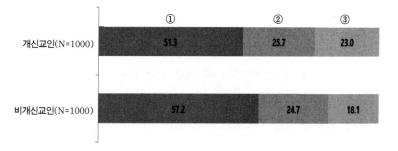

기본권의 문제와 난민 관련 설문에서 눈여겨보아야 할 사항은 20대의 경향이었다. 기본권의 주체를 국민에서 사람으로 확대하자는 의견에 반대가 가장 많았던 세대가 20대 개신교인(34%)이었다.[20] 개신

19 한국기독교사회문제연구원, 『2019 주요 사회 현안에 대한 개신교인 인식조사 통계자료집』(서울: 대한기독교서회, 2020), 72.
20 위의 책, 64.

교 전체 반대 비율인 25.5%보다도 10% 가까이 높은 수치다. 비개신교 20대들의 반대 비율도 25.2%로 비개신교 평균치인 22.2%보다 높았고, 이는 비개신교인 70대의 반대 비율 31.8%에 이어 2위에 해당되는 수치이다.[21] 개신교인 20대는 비개신교인 포함 가장 강하게 기본권의 주체를 국민에서 사람으로 바꾸자는 의견에 반대 의사를 표명하고 있다.

20대 청년들의 타자에 대한 감수성 문제는 난민 문제에 가서 절정을 이룬다. 개신교인 20대 청년층의 난민 반대 목소리가 개신교 평균보다 7% 가까이 높은 30.6%로 개신교 전 세대 중 1위에 올랐고,[22] 비개신교인 20대 역시 비개신교인 평균 반대율 18.1%보다 6% 이상 높은 24.7%로 역시 비개신교인 전 세대 중 1위로 등극했다.[23] 무엇이 오늘의 20대로 하여금 타자에 대한 혐오를 야기하고 있는가?

오늘의 청년들이 지니는 극우적 성향에 대해서는 새로운 접근이 필요하다. 한국 현대사의 두 주축인 산업화와 민주화 세대 어디에도 끼지 못하는 세대, 그러나 그 어느 시절의 젊은이들보다 물질적, 문화적 풍부함 속에 성장하여 스펙이 풍부한 세대가 오늘의 청년이다. 경제와 민주화의 성장과 완성이 어느 정도 성취가 되고 난 다음부터 청년 세대는 소외감과 박탈감을 느끼기 시작하였다. 더 이상 산업화 세대와 386세대에 대한 동경과 존경은 이들에게 없다.[24]

---

21 위의 책, 65.

22 위의 책, 73.

23 위의 책, 74.

문제는 이들이 스스로를 피해자, 혹은 루저로 규정하면서, 혐오의 주체로 등장하고 있다는 점이다. 날로 악화되는 20대 청년 취업의 문제를 21세기 자본이 지니는 구조적 문제에서 찾기보다는 시스템 밖에 존재하는 '본인들보다 약한 존재들에게로 화살을 돌리고 있는 것은 아닌지'라는 우려가 나오는 대목이다. 오늘의 청년들이 분노하는 것은 차별과 불평등, 부정의가 아니다. 이들은 마땅히 차별받고 대우받지 말아야 할 대상들이 차별당하지 않는 것에 분노한다. 평등과 복지와 정의를 지향하는 제스처와 진보의 매카니즘 때문에 자신들이 우대되지 못하고 있다고 판단하기 때문이다. 『88만원 세대』의 저자 박노권은 청년들의 혐오 감정과 극우적 경향을 아래와 같이 정리하였다: "혐오의 주체 스스로 자신을 피해자화한다는 점이다. 이는 극우 인종주의 담론에서 일반적으로 드러나는 서사적 특징이다. 즉, 우월하고 도덕적인 사람이 열등하고 비도덕적인 사람에게 부당한 피해를 입는다는 인식에 기반을 둔 혐오인 것이다."[25]

필자는 기본권의 주체를 국민에서 사람으로 확대하는 것에 대한 의견, 난민에 대한 의견을 묻는 항목에서 개신교인들이 비개신교인들보다 더 닫혀있고, 타자에 대해 우호적이지 않다는 것 그리고 20대 청년 세대가 전 시대에 비해 우려가 될 정도로 외부자와 타자에 대해 혐오적이라는 것이 놀라웠고, 21세기 청년에 대한 다각적이고도 심도 있는 연구가 필요하다고 느꼈다.

---

24 김창인 외, 『청년, '리버럴'과 싸우다』 (서울: 시대의 창, 2018), 165-172.
25 박권일 외, 『지금, 여기의 극우주의』 (서울: 자음과 모음, 2014), 34-35.

2. 검찰 개혁, 사법 개혁, 5.18 왜곡 금지법에 대한 의견

2019년 한해 뜨거웠던 사회적 이슈들, 예를 들어 사법 개혁 문제, 5.18 왜곡 금지법, 검찰 개혁 문제 등에 있어 개신교인들은 비개신교인들과 별다른 차이를 보이지 않았다. 양승태 전 대법원장의 구속으로 세상에 알려진 사법부의 부당한 재판 개입과 재판 거래는 특별재판부 구성 및 문제 법관 탄핵이라는 초유의 사법 개혁에 대한 국민적 열망으로 이어졌다. 이에 대한 의견에 있어 개신교인은 74.1%, 비개신교은 73.7%가 '찬성' 의견을 보였다.[26] 사실상의 개신교인과 비개신교인 사이 의견 차이가 발생하지 않은 것이다.

2019년 봄 5.18 광주민주화운동에 북한군이 개입했다거나 5.18 유공자를 괴물 집단이라 비난하는 발언이 있었다. 이러한 가짜뉴스 유포와 발언에 대해 '5.18 왜곡금지법'을 제정하여 처벌해야 한다는 의견에 개신교인의 62.4%, 비개신교인의 61.9% '찬성' 의견을 보였다.[27] 역시 마찬가지로 개신교인과 비개신교인 사이 의견 차이가 발생하지는 않았다. 하지만 사법 개혁에 대한 찬성 비율보다는 10% 정도 떨어지는 것으로 나타난 것은 눈여겨보아야 할 대목이고, 보다 세심한 연구가 필요한 대목이 아닐까 싶다.

---

26 한국기독교사회문제연구원, 『2019 주요 사회 현안에 대한 개신교인 인식조사 통계자료집』 (서울: 대한기독교서회, 2020), 70-71.

27 위의 책, 79-80.

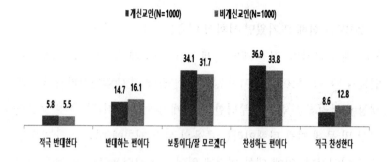

[그림 5] 검/경 수사권 조정에 대한 의견[28]

■개신교인(N=1000) ■비개신교인(N=1000)

적극 반대한다	반대하는 편이다	보통이다/잘 모르겠다	찬성하는 편이다	적극 찬성한다
5.8 5.5	14.7 16.1	34.1 31.7	36.9 33.8	8.6 12.8

　　근래 조국 사태를 계기로 뜨거운 감자로 부상한 사항이 검찰 개혁이다. 검찰 개혁의 핵심은 말할 것도 없이 검/경 수사권 조정이다. 검찰이 가지고 있는 일반적 수사권을 경찰에게 넘기고 검찰은 기소 및 공소유지에만 전념하도록 하자는 것이다. 그것이 검찰 권력에 대한 견제다, 혹은 아니다는 상반된 의견이 지금 격렬히 충돌하고 있다.

　　이 부분에 있어서도 개신교인과 비개신교인들 사이 별다른 차이가 없었다. '찬성률'은 개신교인이 45.5%, 비개신교인이 46.6%이며, '반대율'은 개신교인이 20.5%, 비개신교인 21.7% 나타났다. '보통이다/잘 모르겠다'를 택한 율은 개신교인 34.4%, 비개신교인 31.7%로 나타나 대략 1/3 정도 되는 사람들이 이 문제에 대해서는 판단에 어려움을 느끼는 것으로 나타났다. 30%대의 부동층의 향배가 앞으로의 정국의 방향을 좌우할 캐스팅보트로 작용하지 않을까 싶다.[29]

---

28 위의 책, 66.

사법 개혁이 '정의의 문제'라면, 5.18 왜곡금지법은 '진실의 문제'라 할 수 있을 것이다. 검찰 개혁은 굳이 말하자면 '정치(권력)의 문제'라 할 수 있다. 정의의 문제, 진실의 문제, 정치의 문제에 있어 개신교인과 비개신교인들 사이 의견의 차이는 거의 없다. 개신교인과 비개신교인 사이 사회적 이슈에 대한 입장의 차이가 없다는 말은 교인들이 사회적 이슈에 대해 공공장의 의견에 귀를 기울인다는 것으로 풀이할 수 있다. 사회 보편의 인식을 개신교인들이 크게 거역하지 않는다는 말이다. 이는 비종교사회, 탈주술화 사회, 세속사회로 특징지어지는 현대사회의 종교와 정치 간 관계의 일반적 특징이라 말할 수 있겠다. 한국 개신교가 시민사회의 일원이 되었다는 것으로 판단해도 될 만한 수치가 아닐까 싶다.

V. 한국정치와 극우주의

1. 전광훈과 극우주의

전광훈 목사에 대한 의견을 묻는 질문은 두 가지였다. '문 대통령 하야' 발언에 대한 의견과 전광훈 목사의 최근 언행에 대한 의견을 묻는 질문이 그것이다. 문 대통령 하야 발언에 대해 71.9% 개신교인이 '동의하지 않는다'고 응답했다. '보통이다/잘 모르겠다'는 19.3%, '동

---

29 위의 책, 67-68.

의한다'과 답한 비율이 8.8%로 나타났다.[30]

50대(12.7%)와 60대(16.2%)에서 '동의한다'의 비율이 높았고, 주목해야 할 대목은 20대 개신교인의 '동의하지 않는다'의 비율이 60대(65.9%)보다도 낮은 65.3%로 모든 세대 중 최하위를 기록했다는 점이다. 20대의 '보통이다'의 비율은 28.6%로 단연 1위였다. 20대 개신교인들이 문재인 정권을 바라보는 시선이 그리 우호적이지 않음을 느낄 수 있는 대목이다.

전광훈 목사의 최근 언행에 대한 의견은 개신교인 3명 중 2명이 (64.4%) 전광훈 목사의 언행에 대해 '전광훈 목사는 한국교회를 대표하지도 않고 기독교의 위상을 심각하게 훼손하고 있다'고 응답했다. '우려가 된다'는 응답율은 22.2%, '다소 지나치나 그의 주장에 동의한다'는 10.1%, '적극 지지한다'는 3.3%로 나타났다. 결론적으로 13.4%의 개신교인들은 전광훈 목사의 언행에 동의를 한다는 이야기이고, 22.2%는 형식과 표현에는 반감이 있으나 심정적으로는 부동층으로 돌아설 수 있는 사람들이라 할 수 있겠다.[31]

한기총 회장 전광훈 목사의 언행에 대해 교계에서 다양한 반박 대응이 있었다. 기윤실에서는 "한기총은 한국교회를 대표하는 조직이 아닙니다"(2019년 6월 7일)라는 제목의 성명을 발표하였고, 한국기독교교회협의회(6월 10일)의 반박 성명, 기독교회 원로 호소문(6월 18일) 등이 연속적으로 나왔다. 그리고 기독교대한하나님의성회(기하

---

30 위의 책, 90.
31 위의 책, 92.

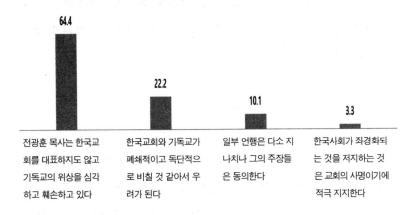

[그림 6] 전광훈 목사의 최근 언행에 대한 의견(개신교인 대상)[32]

64.4

22.2

10.1

3.3

| 전광훈 목사는 한국교회를 대표하지도 않고 기독교의 위상을 심각하고 훼손하고 있다 | 한국교회와 기독교가 폐쇄적이고 독단적으로 비칠 것 같아서 우려가 된다 | 일부 언행은 다소 지나치나 그의 주장들은 동의한다 | 한국사회가 좌경화되는 것을 저지하는 것은 교회의 사명이기에 적극 지지한다 |

성)가 행정 보류를 결의했고, CCC(한국대학생선교회)는 공식적으로 한기총에서 탈퇴했다. 현재 한기총은 한국의 대표적 교단들이 모두 탈퇴한 상황이고, 한국교회 70% 이상은 한기총과 관련이 없다.

그럼에도 불구하고 전광훈 목사는 한기총 회장이라는 명함을 지닌 채 극단적인 극우적 행보를 보이고 있으며, 이에 대해 2/3가량의 개신교인들은 반감을 보이고 있으나, 13.4%라는 무시 못할 전광훈 목사를 옹호하는 세력이 있다. 개신교가 극우정치에 휘말릴 수 있는 충분한 잠재적 위험성과 가능성을 느낄 수 있는 대목이다. 특별히 전광훈 무리는 박정희 향수를 자극하고, 박근혜 대통령에 대한 탄핵을 무효라 주장하는 시대착오적 행태를 보이고 있다. 극우주의자들이 사회변화

---

32 위의 책, 91.

에 대해 반동적, 퇴행적 행동을 보인다고 앞서 살펴본 바 있는데, 전광훈과 그 일파들의 행태는 사회변화를 미래에 대한 비전에서 찾는 것이 아니라, 과거로의 회귀를 통해 찾는다는 점에서 극우적 행보의 전형이라 할 수 있겠다.

2. 개신교의 정치 개입 문제

개신교인 5명 중 4명 가까이(79.5%)는 '교회 목회자와 교인들이 기독교를 표방하는 정당을 창당하여 정치에 참여하는 것'에 대해 '반대'하는 입장을 보였다. 찬성율은 5.2%에 그쳤다. '태극기부대 집회에 기독교인이 참여하는 것'에 대해서는 4명 중 3명 가량(74.4%)이 '부정적'이라는 의견을 보였으며, 7.5%는 '긍정적이다', 18.1%는 '모르겠다'고 응답했다.[33] '태극기 부대 참여 경험'을 묻는 질문에서는 참여해 본 경험은 2.9%이며, 5회 미만 참여가 2.6%, 5회 이상 참여가 0.3%로 나타났다.[34]

대한민국 헌법은 정교분리를 명시하고 있다. 정치와 종교가 분리된다는 원칙은 정치가 종교에 개입하지 않는다는 뜻이지, 종교의 정치 개입을 금하겠다는 의도는 아니다. 이런 이유로 한국 현대사에서 종교의 정치 개입은 늘 있어 왔다. 해방 후 서북청년단과 기독교 우파의 밀월은 공공연한 비밀이었고, 군부독재정권 시절 진보 기독교계의 반

---

33 위의 책, 95.
34 위의 책, 93.

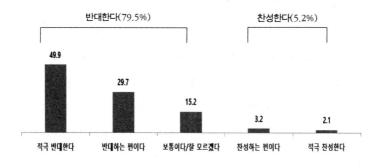

[그림 7] 개신교인의 정치참여에 대한 의견(개신교인 대상)[35]

반대한다(79.5%)   찬성한다(5.2%)

49.9
29.7
15.2
3.2
2.1

적극 반대한다   반대하는 편이다   보통이다/잘 모르겠다   찬성하는 편이다   적극 찬성한다

정부 운동도 크게 보아서는 종교의 정치 개입이라 말할 수 있다. 김영
삼, 이명박 장로의 대통령 만들기에 한국 개신교가 조직적으로 동원된
것도 종교의 정치 개입이라 할 수 있을 것이다. 이렇듯 한국 현대사의
전개과정에서 발생했던 종교와 정치의 역학은 시대를 읽어내는 중요
한 단서였다.

하지만 그것이 종교의 공식적인 정치참여에 대한 호응이라고 보면
오판이다. 21세기 들어 현실 정치에 개입하려 했던 기독교 정당들에
대한 국민들의 선택은 미비했다. 2004년(17대) 총선에 등장했던 기독
민주복지당 1.1%, 2008년(18대) 기독사랑실천당 2.54%, 2012년(19
대) 기독자유민주당 2.54%, 2016년(20대) 기독자유당 2.64%로 나타
나 한 번도 원내 진입에 성공하지는 못했다. 그렇다면 2020년 21대
총선에 나서는 기독 정당의 성적표는 어떻게 될까?

---

35 위의 책, 87.

조사를 통해 드러나는 판세를 종합할 때, 기독 정당의 성적은 우려할만한 수준은 아니나, 일말의 염려스러운 부분이 없는 것도 아니다. 전광훈 목사를 중심으로 엮이는 일부 근본주의 개신교인들이 극우정치와 결합할 경우다. 전광훈 목사에 대해 동의를 보내는 13.4% 교인들, 기독 정당에 5.2 % 지지를 보내는 개신교인들이 기세가 어떤 형국을 띠게 될는지는 앞으로 좀 더 지켜보아야 할 성질이지만, 태극기와 촛불로 첨예하게 갈린 광장의 양극화 속에서 그들이 운신할 수 있는 폭이 넓어지고 기세가 커진 것은 사실이다.

지금까지 필자는 정치 분야 설문 분석 중 정치 성향에 대한 의견, 타자에 대한 정치적 감수성에 대한 부분, 여러 개혁 입법에 대한 의견, 전광훈 목사 관련 부분, 기독교의 정치 참여에 대한 의견을 묻고 그 결과에 대한 간단한 보고와 비평을 하였다. 이를 토대로 한국 개신교와 극우 정치와의 상관관계를 종합하면, 지금은 미약하나 극우주의가 일부 개신교인들을 등에 업고 발호할 조짐을 보이고 있다는 점이다. 이것은 비단 우리만의 현상은 아니다. 유럽이나 미국에서 극우 정당과 극우적 성향이 인물들이 정치적으로 세를 모아가는 것을 보면 말이다. 왜 이렇게 극우주의가 발호하고, 극우적 현상들이 일어나고 있는지에 대해 세계사적 흐름과 비교하면서 본격적으로 연구에 들어가야 할 때가 도래하였다.

그렇다면 기독교윤리는 개신교인 인식조사를 통해 드러난 우리 사회의 민낯, 특별히 한국 개신교를 향해 무엇을 말할 수 있을까? 필자는 그것을 결론을 대신하여 응답의 윤리, 책임의 윤리, 타자를 향한 환대의 윤리로 나누어 제시할 것이다.

VI. 결론: 한국 개신교에게 요청되는 기독교윤리

1. 응답(response)의 윤리

개신교 인식조사에서 드러난 여러 가지 지표들, 예를 들어 진화론에 대한 수용, 성서무오설에 대한 완화된 입장, 타종교의 진리관과 구원관에 대해 서서히 열린 자세를 취하고 있는 점, 정치 사회적 이슈들에 대해 비개신교와 별 간극 없이 비슷한 입장을 취하고 있는 점 등은 한국 개신교인들의 성향이 변하고 있음을 보여주고 있는 지표들이다. 그런데도 교회 밖에서 바라보는 한국교회에 대한 인상은 '한국 개신교 = 반지성주의'라는 공식이 강하다. 어렵지 않게 예측할 수 있는 것은 전광훈 목사의 광화문 태극기 집회와 '코로나 19' 발병과 전파 과정에서 드러난 신천지 교단의 행태가 일반적인 상식으로 이해할 수 있는 범위를 넘어섰기 때문에 개신교에 대한 반지성주의 논란이 등장하는 것 아닐까 싶다.

반지성주의는 상식과 지식이 무너진 자리에서, 상식과 지식을 갖지 못하는 사람들에 의해서, 혹은 미래에 대한 전망과 소망을 갖지 못하는 사람들 사이에 등장하는 현상이다.[36] 반지성주의가 작동하는 시기와 장소는 정해져 있지 않다. 고 · 중세가 반지성주의였고, 근대가

지성주의라는 도식도 딱 맞아떨어지는 것은 아니다. 동양에 비해 서양이 지성적이라고 말할 수도 없다. 서구의 경우 마녀사냥에 대한 기록이 중세에서 근대로 넘어와서도 존재했다는 것이 그것을 입증하고, 동양의 유교문화는 서양의 기독교처럼 마녀나 면죄부 같은 반지성적 표징을 요구하지 않았다.

반지성주의에 대한 고찰은 종교학에서도 중요한 영역이지만 사회과학 쪽에서도 엄중하게 다루어지는 주제이다. 왜냐하면 반지성주의가 극우주의를 태동하였고,[37] 그 세력들이 광기의 역사를 그려왔기 때문이다. 미셸 푸코의 『광기의 역사』,[38] 『말과 사물』[39]은 반지성주의의 사회학과 역사학 그리고 해석학을 탐구했던 작업이었다. 그러므로 극우주의를 논하기 위해서는 반지성주의를 행위하는 사람들의 성향을 파악하고 그에 합당한 대안을 마련하는 것이 중요하다.

개신교인 인식조사에서 반지성주의에 입각한 극우주의의 태동이 염려되는 항목은 전광훈에 대한 지지와 기독교인의 정치 참여에 대한 부분이었다. 전광훈에 대한 지지가 개신교 평균적으로는 13.4%인데 반해, 50대에 가서는 18.7%, 60대에 가서는 25.5%로 뛰었다.[40] 기독교인들의 태극기부대 집회 참여에 대한 의견을 묻는 대목에서도 개신

---

36 김진호 외, 『교회와 권력』 (서울: 창비, 2018), 128-131.

37 김진호 외, 『교회와 권력』 (서울: 창비, 2018), 128-131.

38 미셸 푸코/김부용 옮김, 『광기의 역사』 (서울: 인간사랑, 1999).

39 미셸 푸코/이규현 옮김, 『말과 사물』 (서울: 민음사, 2012).

40 한국기독교사회문제연구원, 『2019 주요 사회 현안에 대한 개신교인 인식조사 통계자료집』 (서울: 대한기독교서회, 2020), 92.

교인 평균이 7.5%인데, 60대는 17.9%로 배 이상 뛰는 것으로 나왔다.[41] 70대 이상은 인식조사에서 누락된 것을 감안하면 실제 노인들의 찬성율은 더 높다고 봐야한다. 단순하게 말하면 노인들이 반지성적이고, 그래서 극우적일 확률이 높다는 결론이 나오는데, 우리는 이러한 현상을 어떻게 이해해야 할까.

잘 알려진 바와 같이 대한민국의 노인 자살율은 세계 OECD 국가 중 1위다. 한국 사회에서 인권의 사각지대에 놓여있는 대표적 집단이 노인이라는 사실은 전광훈 목사가 주도하는 광화문 광장의 태극기 집회와 모종의 함수관계가 있다. 우리는 광장에 모인 그들의 극우적 발언과 행위들이 지닌 가해자적 면모를 부각시키지만, 사실 광화문 광장에 나온 노인들은 대부분 상처 입은 소외자들이다. 우리가 여기서 눈여겨보아야 할 것은 그들의 반지성주의와 극우적 성향이 아니라, 그들이 광장으로 나오기까지 아무도 노인들의 목소리와 문제에 귀 기울이지 않았다는 데 있다. 최현숙의 『할배의 탄생』[42]은 우리가 놓치고 있었던 대한민국 평균 노인들의 애환을 찾아가 기록하고 청취하고 응답하고 있다는 점에서 우리가 방관하고 있었던 노인 문제의 심장을 겨누고 있는데, 필자는 이 책을 읽으면서 기독교윤리에게 필요한 것이 우선은 '응답의 윤리'가 되어야 한다고 느꼈다.

이미 리처드 니버는 기독교 윤리를 응답의 윤리에서 시작해야 한

---

41 위의 책, 96.

42 최현숙, 『할배의 탄생 — 어르신과 꼰대 사이, 가난한 남성성의 시원을 찾아서』 (서울: 이매진, 2016).

다고 말한 바 있다. 그는 일반윤리학의 양대축이라 할 수 있는 목적론적 윤리와 의무론적 윤리에 대해 거부하면서 "그것들은 하나의 허상이나 가정에 불과한 것이지 실재에 대한 참모습은 아니다"[43]라고 꼬집는다. 그리고는 응답의 윤리를 말한다: "이러한 상황에서 책임이라는 새로운 상징이 대두된 것은 매우 중요한 일이다. 책임이라는 이념에는 인간은 응답자(man-the-answerer)라는 이미지가 암시되어 있다. 이는 인간이란 대화에 끼어든 존재로서 자기에게 가해진 행위에 대해 응답하는 존재라는 뜻이다."[44]

한국 개신교의 반지성주의와 극우주의를 논하는 자리에서 응답의 윤리를 논하는 것은 기독교윤리만이 내놓을 수 있는 처방이 아닐까도 싶다. 응답의 윤리는 기존의 정치공학 내지는 사회적 방법론, 혹은 규범윤리학이 정해놓은 답안을 거부한다. 또한 그것은 관념적이고 실용적인 원칙을 거부하고 현실에서 발견되는 구체성에 귀 기울인다. 어떤 목적과 대의를 묻기 이전에 지금 내가 누구 앞에 있는지, 혹은 내가 듣지 못하고 있는 목소리는 없는지를 찾아나서는 것이 응답의 윤리이다. 이러한 태도는 자연스럽게 책임윤리로 발전한다.

2. 책임(responsibility)의 윤리

현대 사회에서 '책임'은 일상생활에서뿐 아니라, 정치와 경제 분야

---

43 H. Richard Niebuhr, *The Responsible Self* (New York: Harper & Row, 1963), 56,
44 위의 책, 56.

전반에 걸쳐 빈번하게 사용되는 용어가 되었다. 물론 도덕철학과 윤리 분야에서도 책임 개념은 중요한 키워드이다. 리처드 니버는 응답적 존재로서의 인간은 책임적 존재임을 분명히 한다: "책임을 통해서 본 우리 삶의 어떤 구체적인 측면은 매우 유익하다고 본다. 그러나 우리가 책임적이어야 한다는 의무론적 입장을 취해서도 안 되고, 책임이 목적이다는 이상을 추구해서도 안 된다. 단지 우리는 필자는 누구에게 그리고 무엇에게 책임이 있으며 또한 나 자신은 어떤 상관관계를 맺고 있는 공동체에 속해 있는가라는 질문을 염두에 두고, 우리에게 가해진 행위에 응답하는 삶을 살고 있다는 사실을 깨달아야 한다고 말하고 싶을 뿐이다."[45]

여기서 우리는 책임윤리에 대한 하나의 단서를 얻을 수 있다. 인간은 상호 연결되어 있는 존재이고, 상호 응답해야 할 책임이 있는 존재라는 사실이다. 윤리적 행위는 개인의 고독한 결단의 산물이 되어서도 안 되고, 일방적인 선포의 행위가 되어서도 안 된다. 인간은 유기체적으로 상호 응답해야 하는 지구공동체의 일원이라는 사실을 니버는 명백하게 하고 있다.

리처드 니버는 한걸음 더 나아가 책임의식이 성서를 해석하는 중요한 틀임을 분명하게 한다: "우리가 책임의 이념을 통해 성서에 접근하게 되면 이 윤리 특유의 성격이 완전히는 아닐지라도 보다 더 잘 해석될 수 있으리라 생각한다. 이스라엘 역사와 초기 기독교 공동체의

---

45 위의 책, 67-68.

위기적 상황에서 제기되었던 결정적인 질문은 '무엇이 목적인가? 무엇이 우리가 지켜야 할 법인가?'가 아니라 '무슨 일이 일어나고 있느냐?', '지금 발생하고 있는 이 일에 대한 적절한 응답이 무엇인가?'였다."46

이 대목에서 필자는 책임윤리의 관점에서 전광훈 목사와 태극기 집회에 참여하는 분들에게 물음을 던지지 않을 수 없다. 책임에서 강조되는 것은 관계이다. 우리가 누군가에게 혹은 무언가에 책임을 진다는 것은 우리 앞에 있는 대상에 대한 우선적 고려를 전제한다. 그렇다면 책임은 행위자가 지녀야 할 사회적 의무일 수 있다. 전광훈 목사의 최근 언행에 대해 13.4%의 개신교인만이 지지를 표명하는 현실임에도 불구하고, 마치 그것이 국민 대다수의 의견이고 주장인 양 호도하면서 광화문 광장을 점거한 저들의 행태는 책임윤리적으로 도저히 납득이 안가는 처사이다. 신학적으로 책임윤리를 발전시켰다고 평가되는 본회퍼가 하늘에서 내려다보면서 전광훈이 자신을 인용하며 자기의 행위를 정당화시키는 모습을 보며 뭐라고 할지 송구할 따름이다.

본회퍼는 히틀러 제거를 위한 계획을 하던 무렵 1941년 여름부터 1942년 초까지 "책임적 삶의 구조"라는 제목의 윤리학 원고에서 책임(윤리)에 대한 발언을 하는데, 그는 폭력으로 법질서를 유린하고 공동체를 파괴하는 나치를 향해, 혐오와 배제의 메커니즘을 동원해 유대인과 이방인을 죽음으로 몰아가고 나치를 향한 비판을 책임에 대한 사고

---

46 위의 책, 66-67.

를 진전시키며 도모하고자 했다.

본회퍼는 책임을 그리스도론적으로 해석하였는데, 책임적 삶의 형태가 '매임'(Bindung)과 '자유'(Freiheit)라는 두 요소에 의해 이중적으로 규정된다고 말한다.[47] "매임"은 '대리'(stellvertretung)와 '현실적응성', "자유"는 '생활과 행동의 자기음미'와 '구체적인 결단의 모험'에서 드러난다. 구체적 결단의 모험은 응답에서부터 시작된다. 본회퍼에게 있어 책임은 이러한 구도 속에서 '대리'와 '응답'이라는 이중적 구조를 띤다. 그중에서도 '대리'가 본회퍼의 책임 개념에 있어 핵심이라 할 수 있다: "예수는 인간이 되신 하느님의 아들로서 우리 대신 사셨기 때문에 모든 인간의 삶은 본질적으로 그가 대신 사신 삶이다…. 그의 생활, 행위, 노력의 전체는 대리이다. 인간이 살고, 행동하고, 괴로워 해야 할 것이 그 안에서 성취되었다. 그의 인간적인 실존을 형성하고 있는 이 진실한 대리의 행위에서 그는 책임을 지는 자가 되었다. 그는 생명이시기 때문에 그에 의해서 모든 생명은 대리된 것으로 규정된다."[48]

우리는 본회퍼의 그리스도의 대리 발언을 통해, 아니 본회퍼의 삶을 통해 책임이 결코 개인적인 충동과 일부 집단의 난동과는 거리가 먼 공동체적인 사회적 삶과 연결되고 있음을 감지할 수 있다. 본회퍼는 예수 그리스도의 십자가 사건을 대리적 죽음으로 파악하고 있다. 예수 그리스도가 우리의 죄를 대리 한 것은 인간과 공동체에 대한 사

---

47 본회퍼/손규태 옮김, 『기독교윤리』(서울: 대한기독교서회, 1974), 193.
48 위의 책, 194-195.

랑 때문이었다. 이 사건은 우리로 하여금 끊임없이 공동체와 그 안에서 벌어지는 관계를 숙고하게끔 한다. 본회퍼는 스스로 '대리'를 '관계'라는 말로 바꿔 쓰기도 한다: "대리적인 생활과 행위로서의 책임은 본질적으로 인간과 인간에 대한 관계이다. 그리스도는 사람이 되고, 그렇게 함으로써 인간에 대한 대리적인 책임을 지셨다."[49]

책임은 결국 하나님 앞에서 동료 인간을 위한 매임인데 그것은 관계를 맺는 것이고 응답하는 것이며, 대리적 삶을 사는 것이다. 전지전능한 신이 인간이 되어 타자를 위한 삶을 살았듯이, 예수가 인간을 위한 대리적 삶을 살았던 것처럼, 그리스도를 따르는 우리도 타자를 위한 책임적 삶을 살아야 한다. 이것이 본회퍼의 책임윤리가 전하는 메시지인데, 한국 개신교가 과연 이런 대리적 삶, 대리적 행위를 실천하고 있는지는 반성하고 숙고해야 할 대목이다. 책임적 삶에 대한 문제는 타자에 대한 환대의 윤리라는 구체적 테제로 전환되어 우리에게 다가온다.

3. 타자를 향한 환대(hospitality)의 윤리

금번 개신교인 인식조사에서 드러난 두드러진 특징 중 하나는 한국 개신교도들이 배타주의에서 벗어나 서서히 포괄주의로 넘어가는 신앙 패턴을 보이고 있음에도 불구하고, 타자에 대한 감수성에 대한 부분에 있어서는 몇 가지 우려스러운 현상이 드러났다는 점이다. 공산

---

49 위의 책, 195.

주의와 동성애와 이슬람에 대한 반대의 비율이 비개신교인들보다 높으리라고 어느 정도 예상되었던 바이나, 난민에 대한 개신교인 반대 비율이 비개신교인의 비율보다 높았다는 점, 기본권의 주체를 '국민'에서 '사람'으로 확대하자는 의견에서도 비개신교인들에 비해 폐쇄적인 입장을 보인 점은 눈여겨봐야 할 대목이었다.

결론적으로 금번 인식조사는 세계가 타자성에 대한 성숙한 의식을 요구하고 있는 가운데서 드러난 한국 개신교의 부끄러운 민낯이라 할 수 있고, 타자에 대한 관심과 배려의 측면에서 볼 때 한국 개신교는 많은 성찰과 회개가 필요하다. 그렇다면 21세기를 살아가는 우리, 특별히 한국 개신교는 왜 타자성에 대한 제고에 유념해야 하는 것일까?

타자에 대한 문제가 시대적 화두가 된 까닭은 여러 차원에서 설명이 가능하겠지만, 1990년대 이후 본격적으로 전개되기 시작한 신자유주의의 전 지구적 발호와 연관이 있다. 자본에 의한 전 지구적 재편이 진행되면서 자본은 무소불위의 권력을 지닌 채 자유롭고 경쾌하게 인간이 만든 국경과 경계와 한계를 넘어 자유롭게 돌아다니기 시작했다. 자본의 흐름을 따라 사람들이 떠다니기 시작했고, 사람을 따라 그들의 언어와 문화와 종교가 역시 함께 이동한다. 그 과정에서 긴장이 발생하는 것은 당연했다. 내 안으로 들어온 이질적 요소에 대해 우리는 어떻게 대응해야 하는가, 혹은 반대로 내가 이방 지역으로 흘러가 누군가에게 타자적 존재로 인색될 때 느끼는 불안과 공포를 필자는 어떻게 감내해야 하는가, 이것이 타자의 문제가 21세기 시대의 화두로 부상하게 된 이유이고, 환대에 대한 감각은 그래서 중요하다.

데리다의 환대 개념은 위의 문제의식과 논의의 연장선상에 위치한다. 데리다는 "오늘날 우리가 사는 세상에서 진행되고 있는 일을 이해하고 변형시키기 위해"[50] 무조건적인 환대를 이야기한다. 데리다의 '환대'는 근대정신의 대표라 할 수 초대(invitation)를 극복하기 위한 처방이었다: "나는 '초대'의 개념에 전통적이고 종교적인 '방문'이라는 개념을 대립시킬 것이다. 방문은 예기치 않은 그리고 언제든 나타날 수 있는 그 누군가의 도래를 함축한다. 만일 내가 무조건적으로 환대하고 있는 것이라면, 나는 방문을, 즉 초대된 손님이 아니라 그 방문자를 환영해야 한다."[51]

'초대'는 근대정신인 '관용'(tolerance)과 연결되는데, 데리다는 초대와 관용이 승자의 논리라 비판한다. 관용이 승자와 강자 중심적이라면, 환대는 약자와 타자를 우선적으로 배려한 개념이다. 근대화 과정에서 관용의 주체는 타자적인 것을 수용하고 전유하는 데 있어 탁월한 능력을 보인 바 있다. 하지만 관용의 주체는 자기 밖에 존재하는 타자에 대해서는 응징과 폭력을 가했던 주체이기도 했다. 유대인과 동성애와 마녀와 이교도와 여성과 이방인과 장애인에 대한 혐오와 적대의 현장에 어김없이 관용의 주체는 자리하고 있었다. 관용의 주체가 지녔던 어두운 과거를 간파했던 데리다는 이를 극복하고자 환대를 제안하였

---

50 Jacques Derrida, "Hospitality, Justice and Responsibility: A Dialogue with Jacques Derrida," in *Questioning Ethics: Contemporary Debates in Philosophy*, Edited by R. Kearney and M.Dooley (New York: Routledge, 1998), 70.

51 위의 책, 70.

던 것이고, 그가 말하는 환대는 '무조건적인 환대'[52]이다.

데리다의 무조건적인 환대를 이야기하는 이 순간에 기독교윤리를 하는 입장에서 예수의 윤리가 생각나는 것은 당연하다. 예수처럼 불꽃같이 타자와 이웃을 향해 무조건적인 환대를 실천하며 살았던 인물이 있었던가. 예수의 공생애와 그의 어록을 한마디로 요약하는 말이 이웃사랑이었고, 하물며 그는 신에 대한 경외와 이웃사랑을 동격으로 간주하였다. 특별히 예수의 발언 가운데 '사마리아인의 비유'와 '최후의 심판 비유'는 무조건적인 환대를 나타내는 중요한 이야기이다.

'사마리아인의 비유'에 등장하는 등장인물인 사마리아인과 유대인은 서로 화해할 수 없는 절대적, 무조건적 타자이다. 사마리아인은 위험에 처한 유대 사람을 자신의 입장, 역사, 당파성, 종교성 등을 떠나 무조건적으로 환대하였다. 마태복음 25장에 나오는 '최후의 심판' 비유도 마찬가지다. 법정에서의 판결은 신은 내 인식의 범위에 있는 존재도 아니고, 나의 신앙고백 안으로도 들어오지 않으며, 내가 하는 숭배의 대상도 아님을 밝히면서 신은 무조건적인 환대의 대상으로만 우리 앞에 등장함을 선언한다. 이런 이유로 레비나스는 신은 추상적인 형태로 등장하지 않고 나에게 의무를 부여하는 이방인, 과부, 고아 등 구체적인 타자의 형태로 등장한다고 말했던 것이다.[53]

타자에 대한 사랑과 용서와 화해를 강조하는 종교인 그리스도교가 한국 땅에 유입된 지 200년이 조금 지나서 혐오와 배제와 증오의 종교

---

52 자크 데리다/남수인 옮김, 『환대에 대하여』(서울: 동문선, 2004), 135.
53 에마뉘엘 레비나스/강영안 옮김, 『시간과 타자』(서울: 문예출판사, 1996), 77.

로 변한 이유를 우리는 어디에서 찾아야 하는 것일까라는 고민을 갖고 씨름하는 나에게 예수의 메시지는 커다란 위안과 혜안으로 다가온다. 기존의 윤리가 보편 안으로 개별이 포섭되는 과정과 절차의 문제에 집중한다면, 예수의 윤리는 보편과 대항하는 개별이 새롭게 만들어내는 보편에 주목한다. 알랭 바디우(Alain Badiou)는 이를 "보편적 개별성"(a universal singularity)[54]이라 칭하였다.

예수가 그어놓은 분할선, 즉 바울의 그리스도 해석을 기준으로 세상이 재편되었다. 로마가 그어놓은 절단선은 유대 사람과 그리스 사람을 갈랐고, 자유인과 종, 남자와 여자를 명확하게 구분한다. 그것은 현대적으로 말하면 이성애자와 성소수자일 수 있고, 정규직과 비정규직, 국민과 난민이다. 하지만 바울에 의하면 이러한 구분과 차별은 그리스도인 예수 안에서 모두가 하나다. 새로운 분할선이 선포된 것이다. '로마의 법'에서 '예수 그리스도'라는 법으로, '자본의 법칙'에서 '예수 그리스도'라는 이름으로 말이다. 그 분할선을 중심으로 새로운 적대가 형성되었고, 그 절단선을 기준으로 세상의 가치는 역전된다. 바울은 다음과 같은 짧고 인상 깊은 말로 위의 사실을 정리하였다: "누구든지 그리스도 안에 있으면, 그는 새로운 피조물입니다. 옛것은 지나갔습니다. 보십시오. 새것이 되었습니다"(고린도후서 5:17).

그러므로 오늘의 기독교윤리는 예수가 그랬던 것처럼 자본이 선사하는 욕망의 법칙에 굴종하고 따르는 노예의 도덕일 수 없다. 하느님

---

54 Alain Badiou/Translated by Ray Brassier, *Saint Paul: The Foundation of Universalim* (California: Standford University Press, 2003), 13.

나라는 현실에 뿌리박지 않은 미래로부터 다가오는 주술이 아니라, 이 땅에 존재하는 이름 모를 나그네들과 타자들을 호출하고 소환하여 환대하던(는) 사람들의 노력과 연대와 기도의 현장으로 도래하는 현실이다. 그곳에서 기독교윤리는 데리다가 주장하듯 타자를 향한 무조건적인 환대라는 '불가능의 가능성'을 향해, 본회퍼가 말하는 '타자를 향한 존재'를 향해, 바울이 말하는 타자를 향한 새로운 보편성을 향해 나아간다.

참고문헌

김진호 외.『교회와 권력』. 서울: 창비, 2018.

김창인 외.『청년, '리버럴'과 싸우다』. 서울: 시대의 창, 2018.

루이 알튀세르/김동수 옮김.『아미엥에서의 주장』. 서울: 솔출판사, 1991.

미셸 푸코/이규현 옮김.『말과 사물』. 서울: 민음사, 2012.

_____/김부용 옮김.『광기의 역사』. 서울: 인간사랑, 1999.

박권일 외.『지금, 여기의 극우주의』. 서울: 자음과 모음, 2014.

본회퍼/손규태 옮김.『기독교윤리』. 서울: 대한기독교서회, 1974.

에마뉘엘 레비나스/강연안 옮김.『시간과 타자』. 서울: 문예출판사, 1996.

이원규.『힘내라, 한국교회』. 서울: 동연, 2009.

최현숙.『할배의 탄생 — 어르신과 꼰대 사이, 가난한 남성성의 시원을 찾아서』. 서울: 이매
진, 2016.

폴 슈메이커/조효제 옮김.『진보와 보수의 12가지 이념』. 서울: 후마니타스, 2010.

한국기독교사회문제연구원.『2019 주요 사회 현안에 대한 개신교인 인식조사 통계자료집』.
서울: 대한기독교서회, 2020.

_____ 편.『한국교회 100년 종합조사연구: 보고서』. 서울: 한국기독교사회문제연구원,
1982.

Alain Badiou/Translated by Ray Brassier. *Saint Paul: The Foundation of Universalim.*
Standford University Press, 2003.

H. Richard Niebuhr. *The Responsible Self.* New York: Harper & Row, 1963.

Jacques Derrida. "Hospitality, Justice and Responsibility: A Dialogue with Jacques Derrida." in
Questioning Ethics: Contemporary Debates in Philosophy. Edited by R. Kearney and M.
Dooley. New York: Routledge, 1998.

개신교인의 젠더의식, 그 현황과 제언*

송진순**

I. 들어가며

한국 사회에서 교회는 존재 자체로 위험하다. 괄목할만한 교세 확장, 초대형 교회가 선도하는 교회 문화운동, 사회복지 차원에서 부인할 수 없는 교회의 역할 등, 한국의 대표 종교로 자리매김했던 개신교는 새로운 밀레니엄 시대에 교회 쇠퇴론과 위기론에 직면했다. 그것은

---

* 이 글은 『기독교사상』 2019년 11월호에 실린 "개신교인 젠더 인식의 현주소"를 수정 보완한 글이다.
** 이화여자대학교

교회 부흥에 깊이 뿌리내린 자본주의적 열망이 하나님의 은혜이자 신앙의 열매로 인식되고, 교회 성장 동력인 목회자의 카리스마적인 권위가 남성 중심의 위계질서를 형성하면서, 기독교적 가치관의 부재와 성찰없는 신앙 태도가 교회를 세속적 욕망을 실현하는 도구이자 이익 추구를 위한 사조직으로 전락시킨 결과다. 현재 한국교회는 대외적으로는 사회적 신뢰를 잃고, 대내적으로는 교인은 감소하고 중소형 교회와 군소 신학교는 존폐 위기에 놓여 있다. 반기독교적 여론이 형성되는 중에도 교회 내 목회자의 리더십 문제, 담임 목사의 세습 논란과 재정의 사적 남용, 성추행과 성폭력 사건 등의 도덕적 해이와 윤리적 문제는 계속되고 있다. 그럼에도 불구하고 교회는 위기에 대한 진단과 성찰에는 미온적이고, 변화의 행보에는 더 폐쇄적으로 대응하면서 또 다른 위기에 서 있다. 2016년 강남역 살해사건, 2017년 미투운동의 확산, 2018년 불법 촬영에 대한 혜화역 시위 등으로 재점화된 페미니즘 열풍이 그것이다.

페미니즘 리부트 시대,[1] 젠더 이슈는 교회를 재조명하는 주요한 계기가 되었다. 이전의 사회 분열의 원인이 이념, 지역, 세대 갈등에 있었다면, 현재는 젠더 갈등이 시급한 현안으로 급부상하고 있다. 여성 혐오와 성차별적 구조가 오랜 시간 고착된 문제임에도 불구하고 급격

---

1 손희정은 2015년 이후, 강남역 살인 사건, 미러링 등 1990년대와 다르게 재편된 페미니즘의 자장을 페미니즘 리부트(혹은 포스트페미니즘)라 규정하고 87년 체제 이후 소비사회와 대중문화를 기반으로 최근 온라인을 중심으로 진행되는 페미니즘 운동을 분석한다. 손희정, 『페미니즘 리부트』 (서울: 나무연필, 2017).

하게 증가하는 여성 대상 범죄, 미투운동, 페미니즘의 확산은 젠더 권력에 대한 문제의식을 사회적으로 공유하는 계기가 되었다. 젠더 이슈는 개인의 문제가 아니라 정치, 사회, 경제, 종교라는 중층의 구조를 담보하는 공고한 사회 문제이다. 따라서 사회 구성원 모두의 인식 변화와 실천을 요청한다. 이러한 흐름에서 여성에 대한 차별과 혐오를 정당화해왔던 가부장적이고 폐쇄적인 교회 구조는 교회 안팎에서 회의적 시선과 비판 앞에 서게 되었다. 여성 안수, 남성과 여성의 직분과 역할, 여성 대상화 및 성폭력, 나아가 교회 문화에서 형성된 가정 내 권위 구조와 이에 따른 젠더의식 그리고 논란의 중심에 있는 동성애 혐오까지…. 교회 내 불평등한 젠더의식과 타인에 대한 배제와 혐오는 그 자체로 개신교의 이미지가 되었다.

이에 본 조사 및 연구는 젠더 이슈에 관한 개신교인의 인식 지형을 파악하고, 그것이 갖는 교회의 지배적 문화를 진단하고자 한다. 물론 전체 개신교를 젠더의식이 낮은 폐쇄적인 집단으로 규정하는 것은 아니다. 젠더의 사회 정치적 함의에서 확인하는 바와 같이, 교회에는 성별, 연령, 지역, 경제 수준, 신앙관과 신앙 정도에 따라 다양한 층위들이 교차한다. 그리고 이것이 교회 문화 및 사회 현상과 맞물리면서 개신교인의 젠더의식을 형성하고 변형하기 때문이다. 따라서 설문조사에서는 개신교인이 갖는 중층의 층위들을 고려하면서 쟁점이 되는 젠더 문제들을 확인한다. 개신교 신앙관에 따른 젠더 이슈의 관계, 각 이슈에 대한 개신교인과 비개신교인 간 차이, 나아가 종교별 비교를 통해 보다 실증적으로 접근해보고자 한다.

본 설문조사는 2019년 7월 8일에서 7월 19일까지, 전국 20~69세의 개신교인과 비개신교인 각 1,000명을 대상으로 실시됐다. 설문 대상은 연령, 성별, 지역, 소득/계층, 종교와 신앙 정도의 비교가 가능하도록 구성했으며 패널을 통한 온라인 조사 방법을 사용했다(95% 신뢰수준, 표본오차 ±3.1%, 지앤컴리서치). 설문 분야는 신앙관, 정치, 경제, 젠더, 남북 관계와 환경 총 6개 분야의 개신교인의 사회 인식을 조사하도록 기획되었다. 이 글에서 다루게 될 젠더 분야는 아래와 같이 네 개 항목, 총 15개 문항으로 구성되었다.

1) 한국 사회의 남녀 성평등 인식과 해결 방안(3문항)
2) 낙태 관련 태아의 생명권과 여성의 자기결정권(2문항)
3) 동성애 관련 인식과 태도(6문항)
4) 성 이슈에 대한 교회의 대응 방식(4문항)

구체적으로는 첫째로 한국 사회의 성차별 정도에 관한 인식과 이에 대한 해결 방안에 관해 질문했다. 둘째로 '낙태죄 헌법불일치 판결'과 관련하여 개신교와 비개신교인의 낙태에 관한 인식 차이에 주목하고자 했다. 셋째로, 개신교와 동성애 혐오의 긴밀한 관계를 집중 조명했다. 혐오가 개신교의 정체성이 되고, 교회가 다른 존재, 다른 소리를 부정하는 상황에서 동성애와 동성애자에 대한 개신교인의 인식의 추이를 파악하고자 한다. 교단 총회에서 만장일치로 동성애 대책위원회를 운영하고, 교회가 대학 커리큘럼에 영향력을 행사하며, 다른 사상을 정죄하는 현실에서 본 조사는 개신교와 타종교 간의 의식 수준 및 교회 내 잠재된 소리들을 확인할 수 있는 작업이 될 수 있으리라 기대했다. 마지막으로 교회 내 성 문제와 그 해결 방식을 물음으로 교회의 성 담론과 실천이 어떻게 진행되는지 살펴보았다. 이 글에서는 앞의 세 항목의 젠더의식을 집중하면서 기본 통계와 통계 분석에 기반한 해석을 제시하고, 이에 대해 간략하게 제언하고자 한다.

II. 개신교인의 젠더의식, 현황과 분석

1. 한국 사회의 성평등 수준에 관한 인식

▶ 성평등 인식은 종교 간 차이가 아니라 성별 간 차이로 나타남

개신교인의 젠더의식을 알아보기 위해 "한국 사회에서 성평등 수준"에 관해 질문했다. 이 문항에 개신교인 16.6%, 비개신교인 16.4%가 "여성이 매우 차별받는다"고 생각했고, 절반에 해당하는 개신교인(52.1%)과 비개신교인(49.6%)이 "여성이 약간 차별받는다"고 응답했다. 전체적으로 개신교인 68.8%, 비개신교인 66%가 "여성이 차별받는다"라고 느꼈다. 설문에 응한 상당수가 사회가 여성에게 차별적이라고 인식하고 있다는 것을 알 수 있다. 그런가 하면 개신교인 13.9%, 비개신교인 14.7%가 성평등하다고 생각했고, 이보다 많은 응답자들

(개신교인 17.4%, 비개신교인 19.3%)이 "남성이 차별받는" 현실을 공유하고 있었다.

사회 구성원이 현실에서 우선적으로 인식하는 성차별 의식은 응답 비율을 확인하는 데서 그치지 않는다. 일상에서 마주하는 수많은 경험은 세대, 계층, 교육 수준, 젠더, 소속 공동체를 기반으로 한 개인의 삶의 구조와 인식을 형성한다. 한 개인의 젠더 의식은 공동체의 젠더 가치와 방향에 순응하고 저항하기도 하면서 구체적인 삶의 문제로 연결되기 때문이다. 이 점에서 성차별 상황에 대한 인식은 사회의 젠더의식 구조 및 차별적 현실을 가늠하는 지표로서 시사하는 바가 크다.

[그림 1] 한국 사회의 성평등 수준(개신교인과 비개신교인)

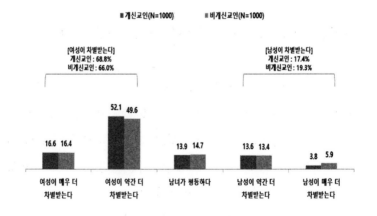

[그림 1]에서 확인하듯이 성차별 인식 정도에 있어서 개신교인과 비개신교인 간 응답자 비율은 거의 차이가 없었다. 그렇다면 개신교

이외 타종교에서 성차별 인식 정도는 어떻게 나타나는가. 개신교, 불교, 천주교, 무종교(68.8%, 63.6%, 65.8%, 67.9%)는 여성이 차별받는 현실에 대해 비슷한 비율로 응답했다. 종교별 표본수가 다르기 때문에 각 종교별 평균이 유의미한 차이를 보이는지 검증하기 위해 일원배치 분산분석(One-way Anova)을 실시하였다. 그 결과 성차별 인식 정도는 종교에 따라 유의미한 차이를 보이지 않는 것으로 나타났다. <표 1>에 따르면, 종교 유무, 종교에 상관없이 성차별적 인식은 큰 차이를 보이지 않았다. 이것은 종교 여부가 성평등 수준을 인식하는 데 영향을 미치지 않는다는 것을 나타냈다.

<표 1> 종교 간 성평등 수준: 개신교, 불교, 천주교, 기타, 무교

종속 변수	집단	표본수	평균	표준편차	F	p
종교	개신교	1000	2.3575	1.03037	1.241	.291
	불교	173	2.4519	1.06334		
	천주교	274	2.4600	1.14551		
	기타	26	2.7011	1.02795		
	무교	526	2.3877	1.07762		

*$p < 0.05$ **$p < 0.01$

▶ 2030세대 남성들이 남성 차별에 관해 인식하고 있음

성차별 인식 정도는 종교 여부가 아니라 성별에 따라 큰 차이를 보이는 것으로 나타났다. 여성(개신교인 85.8%, 비개신교인 85.7%)은 남성(개신교인 47%, 비개신교인 41.2%)에 비해 두 배 이상 높은 수치를

나타냄으로써 여성 차별적 현실을 절감하고 있음을 보여주었다. 여성
은 여성에게 불평등하고 차별적인 현실을 민감하게 인식했다. 이는 여
성의 인식론적 특권, 즉 가정과 사회의 경험에서 비롯된 것으로 우리
사회는 여전히 여성 차별적 구조에서 벗어나지 못하고 있음을 나타내
고 있다. 이와 관련하여 주목할 점은 상당수의 남성(개신교인 32.4%,
비개신교인 36.8%)이 "남성이 더 차별받고 있다"고 응답한 점이다. 같
은 질문에 대한 여성의 응답률(개신교인 5.6%, 비개신교인 5.4%)과 비
교해볼 때 성차별 인식에 대해 남성과 여성 간 현저한 입장 차이가 있
음을 보여준다.

성차별 인식 수준을 독립변수로, 성별과 연령을 종속변수로 삼고
유의한 차이가 있는지 검증하기 위해 일원배치 분산분석을 실시한 결
과, 둘 간의 유의미한 차이가 있는 것으로 나타났다(F=75.710, p<.05).

<표 2> 성별과 연령에 따른 성평등 인식 정도

종속 변수	집단	표본수	평균	표준편차	F	p
성별과 연령	20대 남성	146	3.3667	1.09158	75.710	.000
	여성	176	1.8083	.67055		
	30대 남성	186	3.3162	1.12665		
	여성	230	1.8301	.60184		
	40대 남성	220	2.8076	1.07918		
	여성	280	1.9443	.78683		
	50대 남성	200	2.6306	1.05416		
	여성	260	2.1486	.96074		
	60대 남성	130	2.5894	.98443		
	여성	172	2.0549	.75770		

*p<0.05 **p<0.01

〈표 2〉에서 보듯이 연령이 높을수록 남녀 간 평균값이 비슷해지는 것을 확인할 수 있다.

　20대와 30대 남성이 같은 연령대의 여성보다 평균값이 높았다. 다시 말해 2030세대 남성들은 성평등 수준에서 여성 차별만큼이나 그 이상으로 남성 차별을 인식하고 있다는 것이다. 이러한 결과는 남성들이 사회와 가정에서 여성에 대한 불평등과 차별을 인정하면서도 그들에게 우선적으로 인식되는 것은 현실이 남성에게 더욱 차별적이라는 점이다. 젊은 세대의 남성들은 최근 사회에서 일어나는 페미니즘 운동과 정책적 변화 과정을 남성에 대한 역차별로 인식한다. 이에 특히 취업 승진이라는 사회 경제적 현실에서 남성들은 여성차별보다 남성차별에 대한 차별이 성평등 인식의 우위를 차지하고 있음을 보여주는 것이라 하겠다.

[그림 2] 성별 및 연령에 따른 성평등 인식 수준 차이

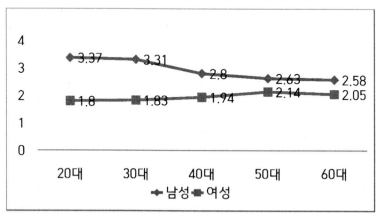

여성 차별에 대한 인식이 오랫동안 진행된 성차별적 구조에 대한 반응이라면, 남성 차별에 대한 인식은 최근 페미니즘 리부트 현상과 함께 젊은 세대의 남성을 중심으로 형성된 반응이다.[2] 최근 사회학자들은 신자유주의 경제체제에서 비롯된 생존 경쟁에서 심리적 박탈감과 좌절감을 경험한 남성들이 여성 혐오와 역차별을 주장하게 되었다고 진단한다.[3] 젊은 세대 남성이 갖는 역차별 인식이 페미니즘이나 성차별주의에 대해 적대적으로 나타날지라도 그것이 기존 가부장제의 회귀를 주장하거나 타자의 혐오로만 작동하는 것은 아니다. 현재 젊은 세대는 경제적 측면의 불이익은 거부하면서 전통적 남성성에서 벗어나 새로운 남성성, 혼종성 남성성으로 재편되는 과정에 있다고 지적된다.[4]

그렇다면 이러한 성차별 인식과 이해가 개신교인의 신앙관이나 신앙 정도와 관계가 있는가? 개신교인의 신앙관 및 신앙의 정도와 성평

---

2 천관율, "데이터로 분석한 '20대 남자 현상' 취재기"에서는 남성 차별과 역차별을 구분하고 20대 남성들이 남성 차별을 받는 현실과 남성에게 부당하게 적용되는 젠더 권력의 원인이 페미니즘에 있다고 본다. 〈시사in 저널리즘 콘퍼런스〉, 2019.12.3. 발표. https://www.youtube.com/watch?v=Szf-XcUZVy0, 2020.5.3.

3 이현재, 손희정, 임옥희는 여성혐오 현상을 비판적으로 분석하면서 신자유주의적 자본주의에 대해 말하고 있다. 이현재, "도시적 감정으로서의 여성혐오와 도시적 젠더정의의 토대로서의 공감의 가능성 모색,"「한국여성철학」 25 (2016); 손희정, "혐오의 시대",「여/성이론」 32 (2015), 12-42; 임옥희,『젠더 감정 정치: 페미니즘 원년, 감정의 모든 것』(서울: 여이연, 2016).

4 마경희, "변화하는 남성성과 성차별," 〈2019, 변화하는 남성성을 분석한다: 성평등 정책의 확장을 위해〉 포럼 발표문 (한국여성정책연구원 주관, 2019년 4월 18일); 백소영, "젠더 갈등의 '선택적 혼종성' 양상에 대한 신학·윤리적 제언,"「기독교사회윤리」제43집 (2019): 123-151.

등 수준에 대해 상관관계 분석(Pearson 상관계수, N=1,000)을 한 결과 그 둘은 유의한 상관관계를 보이지 않았다. 다시 말해 성차별적 구조와 현실을 인식하는 문제는 신앙관이나 신앙의 정도와는 관련성을 보이지 않는 것으로 드러났다. 사실 개신교에 대한 기존의 이해와 인식은 가부장적 세계에서 성차별적 구조를 공고히 할 것이라고 예상했다. 그러나 설문조사 결과는 실제 남성과 여성의 성차별 인식에서는 영향력을 미치지 않는다는 것을 보여주었다.

2. 가정 내 성평등 실현에 관한 전망

▶ 성별 고정관념과 성차별 극복이 신앙 정도와 관련 있는 것으로 나타남

가정 내 성차별적 인식과 전망을 확인하는 질문에 대해 개신교인과 비개신교인 모두 '남성과 여성의 역할 구분은 의미가 없으며 가정에서 성평등이 이루어져야 한다'는 응답률이 가장 높았다(개신교인 48.4%, 비개신교인 48.5%). 다음으로 '남성과 여성은 태생부터 다르지만 성차별은 극복되어야 한다'는 답변은 개신교인 31.4%, 비개신교인 25.4%로 나타났다.

첫 번째 설문 문항인 '한국 사회 내 성평등 인식'에서 성별 간 응답률은 두 배 가까운 차이를 보였다. 그러나 두 번째 설문 문항인 '가정 내 성평등 실현의 전망'에서 성별 간 차이는 거의 나타나지 않았다. 이는 가정에서 성평등이 이뤄져야 한다는 당위적 요청에는 남성과 여성

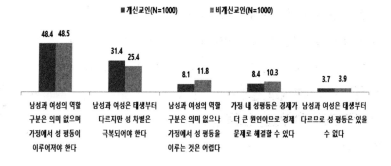

[그림 3] 가정 내 성평등 실현에 관한 전망

■개신교인(N=1000)   ■비개신교인(N=1000)

48.4 48.5

31.4 25.4

8.1 11.8

8.4 10.3

3.7 3.9

남성과 여성의 역할
구분은 의미 없으며
가정에서 성 평등이
이루어져야 한다

남성과 여성은 태생부터
다르지만 성 차별은
극복되어야 한다

남성과 여성의 역할
구분은 의미 없으나
가정에서 성 평등을
이루는 것은 어렵다

가정 내 성평등은 경제가
더 큰 원인이므로 경제
문제로 해결할 수 있다

남성과 여성은 태생부터
다르므로 성 평등은 있을
수 없다

모두 동의하고 있음을 보여주는 것이다.

답변에 대한 상세한 의미를 살펴보면, 제시된 답변 중 "성역할이 의미가 없다"와 "성별 간 태생적 차이가 있다"는 전제에 대해서는, 후자의 응답률이 더 높을 것이라는 예상을 깨고 "성역할 구분"을 넘어 "성평등 실현"에 대한 전망에 절반 정도가 응답했음을 알 수 있다. 이는 매우 고무적인 현상이다. 사실 답변에서 "성평등 실현"은 "성차별 극복"에 비해 보다 적극적인 의미를 갖는다. 그럼에도 불구하고 성평등 실현에 대한 응답률이 높게 나타난 것은 차별 극복보다는 성평등한 구조로 방향 전환되어야 한다는 인식이 이뤄지고 있음을 확인할 수 있다. 반면, 답변에서 "가정 내 성평등 실현 불가능성"(개신교인 8.1%, 비개신교 11.8%)과 "성평등 불가론"(개신교인 3.7%, 비개신교인 3.9%)은 비교적 낮은 수치로 나타났다. 이러한 결과는 실제 가정 내 성차별이 극복되지는 않았지만, 성평등 인식이 높아졌다는 것을 알 수 있다.

주목할 것은 개신교인 내에서 신앙의 정도, 즉 신앙이 깊고 직분이

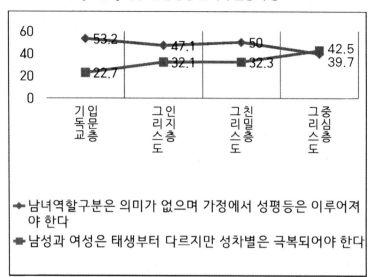

[그림 4] 가정 내 성평등 인식과 신앙의 정도

```
60
40        53.2        47.1        50
20                    32.1        32.3              42.5
          22.7                                     39.7
 0
       기입         그인         그친         그중
       독문         리지         리밀         리심
       교층         스층         스층         스층
                    도           도           도
```

◆ 남녀역할구분은 의미가 없으며 가정에서 성평등은 이루어져 야 한다
■ 남성과 여성은 태생부터 다르지만 성차별은 극복되어야 한다

높을수록 '성평등 요청'과 '성차별 극복'이라는 두 개의 응답률이 역전되는 현상을 보여주었다. 성평등 실현에 앞서 남성과 여성의 차이에 대한 인식, 다시 말해 성역할에 내재된 가부장적 인식이 신앙 정도에 따라 다르게 나타난다는 것을 보여주었다. 기본 통계에 따르면 신앙의 정도가 깊을수록, 즉 기독교 입문층에서 그리스도 인지층, 친밀층, 중심층으로 갈수록 성별 고정관념이 강화되고, '성평등'에 대한 당위성보다는 '성차별 극복'에 응답하는 경향을 보였다. 이것은 보편적 현상을 묻는 첫 번째 설문 문항에서 "신앙관이나 신앙 정도가 성평등 인식과 관련이 없다"고 나타난 것과 다르게, 두 번째 설문 문항인 가정이라는 구체적 삶에서 기대되는 성역할, 즉 성별 고정관념과 성차별 극복

에 있어서는 신앙 정도가 유의미한 영향력을 갖는다는 것을 보여주었다. 대부분의 개신교가 갖는 가부장적인 위계질서는 개인의 구체적 삶에서 성차별 인식에 영향을 준다는 것을 부인하기는 어렵다.

교회 안에서 성차별 인식과 경험들이 다양한 스펙트럼을 갖고 있다는 점, 그래서 교회 내 지배질서가 유일한 문화를 이루기보다 혼재한다는 점에서 연령과 성별을 떠나 서로 소통할 수 있는 토론의 장이 이루어져야 한다는 것을 확인할 수 있다.

3. 태아의 생명권과 여성의 자기결정권에 대한 인식

▶ 개신교인은 여성의 자기결정권보다는 태아의 생명권에 더 큰 관심 보여

2019년 4월 11일 헌법재판소는 '낙태죄 헌법 불합치' 판결을 내렸다. "여성이 임신을 유지 또는 종결할 것인지를 결정하는 것은 자신의 인생관-사회관을 바탕으로 깊이 고민한 결과를 반영하는 전인적 결정"이라며, "임신 22주 내외… 낙태에 대해서는 국가가 생명 보호의 수단 및 정도를 달리 정할 수 있다고 봄이 타당하다"고 판단했다. 또한 "사회 경제적 이유로 인해 낙태 갈등 상황을 겪고 있는 경우까지도 예외 없이 임신한 여성에게 임신의 유지 및 출산을 강제하고, 이를 위반한 경우 형사처벌한다는 점에서 위헌이다"고 지적했다.[5]

---

5 '낙태죄' 헌법불합치 결정…"2020년 말까지 법 개정하라," 「한겨레신문」 2020. 4. 30.
  http://www.hani.co.kr/arti/society/society_general/889644.html.

이 판결로 인해 1953년 제정된 낙태죄가 66년 만에 무효화될 가능성이 짙어졌다. 낙태죄가 여성의 자기결정권을 과도하게 침해하고, 여성의 사회 경제적 사유를 참작하지 않은 채, 음성적으로 진행되는 낙태 행위를 더 이상 간과할 수 없다는 현실적 요청을 반영한 판결이다. 이 결과에 대해 재판관들은 물론 사회 특히 여성계와 종교계의 반응이 뜨거웠다. 이러한 상황에서 현재의 젠더의식을 가늠할 수 있는 또 하나의 준거로서 낙태 이슈를 설문 문항에 포함시켰다.

설문에서는 쟁점이 되는 두 가지 의견을 물었다. "태아의 생명권"과 "여성의 자기결정권과 건강"이 그것이다. 이에 대해서는 개신교인과 비개신교인의 인식 차이는 뚜렷하게 나타났다. 먼저 "낙태는 태아의 생명권을 뺏는 행위"라는 주장에 대해 개신교인 50.2%, 비개신교인 27.6%가 동의했다. 종교별로는 불교 29.5%, 천주교 34.1%, 무종교 23.1%가 동의한 것과 비교해볼 때, 개신교인의 동의률이 상대적으로 높은 수치를 보였다. 특히 개신교인 중 남성(55.7%)과 60대(62.5%)에서 응답률이 높게 나타났으며, 신앙이 깊고 신앙생활이 활발하며(40년 이상 신앙인 62%, 일주일 3회 이상 교회 출석자 78.9%, 그리스도 중심층 70.8%) 직분이 높을수록(중직자 68.9%) 높은 수치를 보였다.

반면, "낙태가 여성의 자기결정권과 건강권을 보장한다"는 주장에 대해서는 개신교인의 44.8%, 비개신교인의 58.6%가 '동의한다'라고 답변했고, 개신교인 30.7%, 비개신교인 16.9%'는 동의하지 않는다'라고 답변했다. 종교별로는 불교 66.3%, 천주교 46.8%, 무종교 61.7%로 타종교에서는 천주교가 낮은 동의률을 보였으나 개신교보다는 높게 나타났다. 동의율은 개신교인 중 여성 49.2%, 그중 20대가 53.6% 대로 높게 나타났고, 태아의 생명권에 대한 질문과는 반대의 결과를 보여주었다. 신앙도가 낮고(기독교 입문층 61.3%) 직분이 낮을수록 (교회 나가지 않는 교인 50.4%) 여성의 자기 결정권에 동의하는 비율 이 높았다. 비개신교인에서는 젊은 세대 여성일수록(20대 여성 65%) 높은 동의률을 나타냈다.

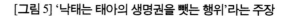

[그림 5] '낙태는 태아의 생명권을 뺏는 행위'라는 주장

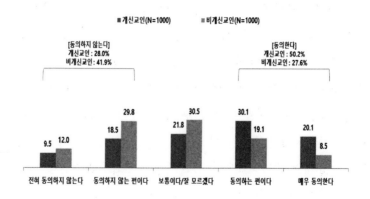

타종교인에 비해 개신교인은 낙태에 관해 보수적으로 인식하는 경향이 있다. 그렇다면 개신교인의 신앙관과 신앙 정도는 위의 두 설문 문항과는 어떤 관계를 보이는가? 이를 확인하기 위해 상관관계분석을 실시했다. 그 결과 태아의 생명권을 뺏는 행위라는 의견은 예배 참석 빈도($r = -.231$, $p < 0.001$), 신앙 정도($r = .313$, $p < 0.001$), 신앙관($r = .364$,

p<0.001)과 유의한 관계를 보였다. 또한 여성의 자기결정권의 보장에
서도 예배 참석 빈도(r=.175, p<0.001), 신앙 정도(r=-.260, p<0.001),
신앙관(r=-.314, p<0.001)과 역으로 유의한 관계를 보였다. 다시 말해
예배 참석률이 높고, 신앙이 깊고, 신앙관이 보수적일수록 여성의 자
기결정권과 건강보다는 태아의 생명권에 관심을 보임으로써 낙태에
관한 부정적 인식을 갖고 있음을 알 수 있다.

<표 3> 낙태 이슈와 신앙 사이의 상관관계(Pearson 상관계수, N=1,000)

	낙태: 태아 생명권 박탈	낙태: 여성의 자기결정권과 건강권	신앙 생활: 교회 참여빈도	신앙 정도	성서무오설 수용정도	성서문자주의 수용정도
낙태: 태아 생명권박탈	1					
낙태: 여성의 자기결정권과 건강권	-.594**	1				
신앙생활: 교회 참여빈도	-.231**	.175**	1			
신앙 정도	.313**	-.260**	-.455**	1		
성서무오설 수용 정도	.364**	-.314**	-.385**	.577**	1	
성서문자주의 수용 정도	.304**	-296**	-.323**	.414**	.679**	1

*P<.05 **P<.01 ***P<.001

태아의 생명권에 대해서는 개신교보다 불교나 천주교에서 더 민감
하게 반응할 것으로 예상했으나 결과는 사뭇 다르게 나타났다. 불교에
서는 여성의 자기결정권에 더 관심함으로 젠더의식에서 성평등한 관
점을 견지하는 경향이 있었다. 천주교 역시 타종교에 비해서는 보수적

으로 낙태 문제를 접근하고는 있으나 개신교보다는 완화된 경향을 나타냈다. 반면, 대부분의 개신교는 낙태에 대해 강경한 태도를 유지하는 경향이 있었다. 이것은 개신교에서 낙태를 문란하고 부주의한 성관계와 생명 경시 문화에서 비롯된 것으로 간주하고 금기시했다는 것에서 알 수 있다. 임신중절을 선택한 여성을 문란하거나 무책임한 여성으로 여기고, 성서적, 윤리적 차원에서 정죄하고 부도덕하고 무책임한 사람으로 낙인찍었다.

태아의 생명권과 여성의 선택권이라는 이분법적 사고에서, 낙태가 여성 개인의 문제로 한정됐던 것이 일반적 현상이었다. 그러나 이 과정에서 남성은 철저하게 제외되었고, 또한 임신 중단을 선택할 수밖에 없는 여성의 상황 역시 간과되었다는 점이다. 사회는 너무도 당연하게 여성에게 임신, 출산, 육아의 책임을 전담하면서 이것을 감당하지 못하는 여성에 대한 비판까지도 여성의 몫이라고 생각했다. 임신 중단을 시행하기까지 여성은 자신의 사회 경제적 현실에서 태아의 삶을 감당할 수 있는가를 두고 매우 힘든 결정을 하게 된다.

임신과 중단에 있어서 여성 당사자의 상황이 배제된 채 교회 주류 담론을 이끈 남성의 시각에 의한 결정과 비판이 얼마나 위압적이고 폭력적인지를 깨닫게 한다. 문제는 태아의 생명권에 대한 존중과 건강한 성윤리 담론만큼이나 여성의 기본권과 존엄에 대한 현실적 문제들이 간과되어서는 안 된다는 것이다. 여성의 삶의 맥락을 제외하고 낙태에 대한 논의와 반대를 말하는 것은 여성에 대한 폭력이며, 그들을 사회 밖으로 내모는 행위임을 인식해야 한다.[6] 이러한 점에서 개신교 신앙이 낙태, 즉 임신 중단에 대해 여성에게 정죄와 폭력적인 시선을 취할 가능성이 있다는 점을 인식하고 당사자들이 배제되지 않는 현실적이고 포용적인 인식과 태도가 요청된다.

4. 동성애에 관한 인식과 태도

▶ 절반 이상의 개신교인이 동성애를 죄로 인식

동성애는 젠더의식을 가늠하는 주요한 지표로서 설문에서는 성적 소수자에 대한 개신교의 사회적 인식과 태도를 확인하기 위한 질문들을 마련했다. 우선 "동성애는 죄인가"라는 의견에 대해 개신교인과 비개신교인은 뚜렷한 차이를 보였다. "동성애가 죄"라는 의견에 대해 개신교인 58.4%, 비개신교인 25.0%가 동의한다고 답함으로써 33.4%p의 차이를 보여주었다. 반면, '동의하지 않는다'는 비율은 비개신교인이 48.2%로 개신교인 22.9%보다 2배 이상 높았다.

개신교인 여부만큼이나 연령 간에서도 현저한 차이가 나타났다.

연령에 따른 동성애의 죄인식 정도는 어떠한 관계가 있는가 검증하기 위해 한 상관관계분석을 한 결과, 둘 사이에는 유의한 관계가 있는 것으로 확인됐다(r=.494, p<0.001). [그림 6]에서 보듯이 동성애는 죄라는 의식은 종교 유무를 떠나 나이가 높을수록 동의하는 경향을 보

---

6 김성진 · 최재천 · 허라금 · 이진우 · 양현아 · 구영모, "낙태와 생명윤리," 「철학과 현실」, (2018): 15-76.

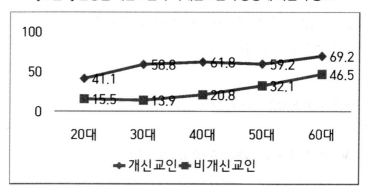

[그림 6] 연령별 개신교인과 비개신교인의 동성애 죄인식 정도

100

50

41.1   58.8   61.8   59.2   69.2
                             46.5
15.5   13.9   20.8   32.1

0

20대   30대   40대   50대   60대

◆ 개신교인 ■ 비개신교인

였다. 그런데 젊은 세대 개신교인(20대 41.1%, 30대 58.8%)의 동의률은 같은 연령의 비개신교인(20대 15.5%, 30대 13.9%)의 동의률과 비교해 큰 차이를 보였다. 젊은 개신교인의 인식은 노년의 비개신교인의 인식과 비슷한 수준으로, 성소수자에 대한 개신교인의 의식은 비개신교인에 비해 폐쇄적이고 부정적인 것으로 나타났다. 동성애에 관한 인식은 동성애자에 대한 태도와 직결되는 부분으로 개신교인의 인식이 사회에서 동성애자에 대한 태도에서 여실히 드러났다. 차별금지법이나 학생인권조례에 적극 반대운동을 벌이거나, 동성애를 혐오하는 태도는 이러한 인식을 토대로 한다는 것을 생각할 수 있다. 이 글에서 따로 언급하지는 않으나, "지인의 커밍아웃에 그를 대하는 태도가 변하겠냐"는 질문에 '자신의 태도가 변할 것'이라는 답변에서도 개신교인(47.4%)과 비개신교인(37.9%) 간의 차이가 있는 것으로 나타났다.

종교별 동의률은 개신교가 58.4%에 비해 천주교 38.6%, 불교 26.6, 무종교 17.7% 순으로, 개신교인과 타종교인 간 현저한 인식 차이

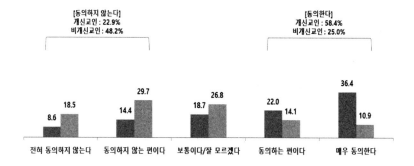

[그림 7] 동성애에 대한 죄 인식 비율

■ 개신교인(N=1000)　■ 비개신교인(N=1000)

[동의하지 않는다]
개신교인 : 22.9%
비개신교인 : 48.2%

[동의한다]
개신교인 : 58.4%
비개신교인 : 25.0%

	전혀 동의하지 않는다	동의하지 않는 편이다	보통이다/잘 모르겠다	동의하는 편이다	매우 동의한다
개신교인	8.6	14.4	18.7	22.0	36.4
비개신교인	18.5	29.7	26.8	14.1	10.9

를 보여주었다. 보다 정확한 검증을 위해 일원배치 분산분석을 한 결과, 동성애의 죄인식 정도와 종교 간에는 유의미한 차이가 있는 것으로 나타났다(F=4, p<.015). 종교별로는 개신교에 이어 천주교, 불교, 기타, 무종교 순으로 나타났다. 동성애에 대한 정죄 의식은 개신교와 천주교 간의 의식 차이는 분명했다. 이는 최근 교회의 동성애 혐오와 관련하여 지적할만한 점으로 종교별 젠더의식의 지표를 가늠하게 한다.

<표 4> 종교별 동성애 죄인식 정도

종속변수	집단	표본수	평균	표준편차	F	p
종교	개신교	1000	2.3548	2.3548	4	0.015
	불교	173	1.7888	1.7888		
	천주교	274	2.0348	2.0348		
	기타	26	1.6100	1.6100		
	무교	526	1.6291	1.6291		

*p<0.05 **p<0.01

그렇다면 개신교 내적으로 동성애의 죄인식이 신앙생활 및 신앙 정도와 유의미한 관계가 있는지 분석하였다. 그 결과 〈표 4〉와 〈표 5〉에서 확인하듯이 신앙생활을 열심히 할수록(F=7, p⟨.015), 신앙 정도가 깊을수록(F=3, p⟨.000) 동성애를 죄라고 인식했다. 반면, 교회에 거의 나가지 않거나 신앙 정도가 낮을수록 동성애와 죄를 연관시켜 인식하지 않는 경향을 보였다.

<표 5> 신앙생활 정도에 따른 동성애 죄인식 정도

종속변수	집단	표본수	평균	표준편차	F	p
신앙 생활 : 교회 참여 률	1) 일주일 7회 이상	42	4.61	.85079	7	.015
	2) 일주일 3-6회	110	4.36	1.19801		
	3) 일주일 1-2회	524	3.79	1.26064		
	4) 한 달 1-3회	116	3.15	1.23592		
	5) 6개월 2-3회	26	2.97	1.23980		
	6) 1년 1-2회	42	3.02	1.34547		
	7) 1년 1회 미만	42	2.90	1.22324		
	8) 교회 안 나감	97	2.83	1.21077		

*p⟨0.05 **p⟨0.01

<표 6> 신앙 정도에 따른 동성애 죄인식 정도

종속변수	집단	표본수	평균	표준편차	F	p
신앙 정도	기독교 입문층	265	2.7971	1.19981	3	.000
	그리스도 인지층	265	3.4840	1.33311		
	그리스도 친밀층	304	4.0875	1.13588		
	그리스도 중심층	166	4.3783	1.03132		

*p⟨0.05 **p⟨0.01

한발 나아가서 동성애 죄인식과 신앙관은 어떤 관계가 있는가? 〈표 6〉의 상관관계분석에 따르면 성경무오설과 성경을 문자 그대로 믿는 근본주의적 신앙관을 가진 사람일수록 동성애는 죄라는 인식을 갖는 것으로 나타났다. 〈표 7〉에 따르면 동성애에 관한 인식과 동성애자에 관한 태도, 신앙생활과 신앙 정도 그리고 근본주의적 신앙관 모두 높은 수준으로 유의한 관계가 있다는 점은 주목할 만한 일이다. 물론 동성애의 인식과 태동의 원인이 개신교인의 신앙관과 신앙태도라고 단정할 수는 없다. 그러나 서로 유의한 상관관계를 갖는다는 것을 확인할 수 있다.

<표 7> 동성애와 신앙 사이의 상관관계(Pearson 상관계수, N=1,000)

	동성애의 죄인식 수준	지인의 커밍아웃에 따른 태도변화	신앙생활 :교회 참여빈도	신앙 정도	성서 무오설 수용정도	성서문자주의 수용정도
동성애의 죄인식 수준	1					
지인의 커밍아웃에 따른 태도 변화	.494**	1				
신앙생활: 교회 참여빈도	-.355**	-.172**	1			
신앙 정도	.457**	.190**	-.455**	1		
성서무오설 수용 정도	.555**	.288**	-.385**	.577**	1	
성서문자주의 수용 정도	.483**	.300**	-.323**	.414**	.679**	1

* P〈.05 ** P〈.01 *** P〈.001

▶ 신앙이 보수적일수록 동성애 인식 형성의 요인이 성경이라고 응답

다음 질문은 "동성애자에 대한 인식을 형성하는 데 영향을 미친 것은 무엇인가"라고 물었다. 이에 개신교인과 비개신교인 모두 '사회보편의 인식'을 가장 많이 꼽았고(개신교인 59.7%, 비개신교인 70.0%), 그 다음으로 개신교인은 '종교의 경전'(43.2%)을, 비개신교인은 '개인적 학습 및 탐구'(35.1%)를 많이 꼽았다. 비개신교인은 개신교인보다 사회 보편의 인식, 인터넷/SNS, 언론 등 대중적 요소에 의한 영향을 많이 받은 것으로 나타났다. 그러나 개신교인들은 보수적 신앙일수록 신앙도와 직분이 높을수록 경전에 대한 비율이 50% 이상 높게 나타났다.

사실 개신교인 상당수가 사회보편의 인식이 동성애 인식을 형성했다고 응답하고 있으나, 〈표 7〉에서 보듯이 신앙 생활에서 많은 영향을 받았다는 것을 유추할 수 있다. 개신교인의 경우, 동성애 인식 형성의 요인으로 "경전"(성경)을 지적했지만, 성경 자체보다는 근본주의적 성향의 보수 개신교 문화(와 신앙의 충실도)가 동성애를 죄로 인식하는 데 상당한 영향을 미친다는 점을, 나아가서 이것이 동성애 및 외부 세계에 대한 경직된 사고와 배타적 태도를 갖게 된 원인으로 유추할 수 있다. 교회의 동성애 혐오에는 보수적 신앙관과 신앙 태도에서 비롯된 죄인식이 자리하고 있다는 사실을 확인할 수 있다.

▶ 비개신교인이 동성애자에 대한 예수의 수용과 환대에 더 큰 기대 있어

이와 달리 개신교인의 동성애 혐오적 인식만큼이나 주목을 끄는 결과가 있었다. "예수님이라면 동성애자를 어떻게 대할 거라고 생각하는가"라는 질문에 개신교인은 '그의 동성애를 받아들이고 하나님의 자녀로 인정한다'가 38.4%로 가장 많이 응답되었고, '그를 이성애자로 변화시키고 하나님의 자녀로 인정한다'(27.0%)와 '그에게 죄에 대한 회개를 요구한다'(26.2%)는 답변은 비슷한 응답률을 보였다. 반면, 비개신교인은 '동성애를 받아들이고 하나님의 자녀로 인정한다'가 63.7%로 다른 답변에 비해 월등히 높게 나타났다.

[그림 8] 동성애자 인식 형성에 영향을 미친 요인

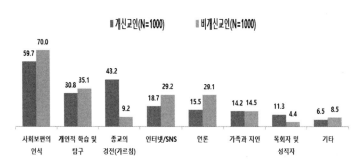

개신교인의 경우, 신앙생활이 활발하며 신앙 정도와 직분이 높을수록, '하나님의 자녀로 인정한다'는 응답률은 낮고, '동성애자를 이성애자로 변화'(일주일 3회 이상 교회 출석 39.4%, 중직자 42.8%, 그리스도

중심층 37.4%)시키거나 '동성애자에게 회개를 요구한다'(일주일 3회 이상 교회 출석 42.1%, 중직자 29%, 그리스도 중심층 33.7%)는 응답이 높게 나타났다. 반면, '그를 하나님의 자녀로 인정하지 않는다'는 응답률은 10% 내외로 나타났다.

흥미로운 점은 비개신교인들의 답변이었다. 미디어에서 보이는 개신교인의 동성애 혐오에 대해 비판적이고 부정적인 입장을 취하면서도, 대다수 비개신교인이 막상 예수님이라면 동성애를 받아들이고 하나님의 자녀로 인정할 것이라는 답변에 손을 들었다. 예수님이 동성애자를 수용하고 (환대했을) 것이라는 생각은 비개신교인이 생각하는 예수 이미지의 반영이면서 지금의 개신교와 예수를 분리하여 보는 경향이 있음을 보이는 것이다. 또한 개신교인보다 비개신교인이 동성애에 대한 정죄나 배척보다는 환대와 관용의 기독교적 가치관에 더 가깝게 응답한 결과라고 볼 수 있다.

그렇다면 이 질문 역시 종교별 유의미한 차이가 있는가? 이를 검증하기 위해 카이제곱 검정(Chi-square test)를 실시한 결과 동성애자에 대한 예수님의 태도는 종교별로 유의한 차이가 있는 것으로 나타났다($x2$=176.502, $p<0.05$). 각 답변과 종교별 입장 차이를 확인하기 위해 교차분석을 한 결과는 아래와 같다. 〈표 8〉에서 표준화 잔차가 2.0 이상이면 유의미하다고 할 때, 각 답변에 대한 종교별 차이가 확연하다. 다시 말해 "동성애자에게 회개를 요구한다"는 답변에서 개신교의 표준화 잔차는 5.0, 반면, 불교는 -2.3, 무교는 -4.6의 수치로 반대 방향으로 나타났다. 각 답변을 종교별로 분석할 때, 개신교인은 타종교

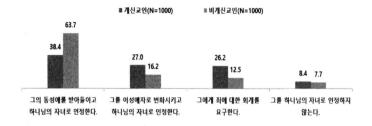

[그림 9] 동성애자에 대한 예수님의 태도 추측

■ 개신교인(N=1000)　　■ 비개신교인(N=1000)

| 63.7 |
| 38.4 |
| 27.0 16.2 |
| 26.2 12.5 |
| 8.4 7.7 |

그의 동성애를 받아들이고　　그를 이성애자로 변화시키고　　그에게 죄에 대한 회개를　　그를 하나님의 자녀로 인정하지
하나님의 자녀로 인정한다.　하나님의 자녀로 인정한다.　요구한다.　않는다.

에 비해 '동성애자에게 회개 요구'가 제일 높게 나타나고, 뒤를 이어 '이성애자로 변화 후에 하나님의 자녀로 인정한다'는 답변이 높게 나타났다. 반면, '동성애를 수용하고 하나님의 자녀로 인정하는 것'은 불교, 특히 무종교인에 비해서는 매우 낮은 응답률을 나타냈다는 의미이다. 다시 말해 동성애자 수용에 대한 응답률은 무종교가 제일 높고, 다음으로 불교가 뒤를 잇고 있다는 것을 보여준다.

사회적으로 개신교에 대한 반감이 더 크게 작동하고 있음에도 불구하고 적어도 개신교 외부자들, 무종교인이나 타종교인들이 예수님에 대한 기대 수준이 높은 것은 주목할만하다. 지금 개신교인의 혐오적 인식과 태도가 예수님의 태도와는 다를 것이라는 기대감이 그것이다. 이 점에서 비개신교인의 생각은 개신교에 시사하는 바가 크다. 혐오에 내재된 도덕적 우월감이나 계몽의식을 떠나 한 인간을 존재 자체로 하나님의 자녀로 보고 환대하는 것, 이는 현재 개신교가 놓치고 있는 중요한 가치를 상기시키는 것이다.

<표 8> 종교별 동성애자에 대한 예수님의 태도

교차분석 N=2,000(개신교인: 1000, 비개신교인: 1000)

			종교					전체
			개신교	불교	천주교	기타	무교	
동성애자에 대한 예수님의 태도 추측	1) 죄에 대한 회개요구*	빈도	262	20	46	3	55	386
		기대빈도	193.0	33.4	52.9	5.0	101.7	386.0
		표준화잔차	5.0	-2.3	-.9	-.9	-4.6	
	2) 동성애를 받아들이고 하나님의 자녀로 인정*	빈도	384	104	140	14	379	1021
		기대빈도	510.5	88.3	139.9	13.3	269.0	1021.0
		표준화잔차	-5.6	1.7	.0	.2	6.7	
	3) 이성애자로 변화시키고 하나님의 자녀로 인정	빈도	270	33	65	6	58	432
		기대빈도	216.0	37.4	59.2	5.6	113.8	432.0
		표준화잔차	3.7	-.7	.8	.2	-5.2	
	4) 하나님의 자녀로 불인정	빈도	84	16	23	3	35	161
		기대빈도	80.5	13.9	22.1	2.1	42.4	161.0
		표준화잔차	.4	.6	.2	.6	-1.1	
전체		빈도	1000	173	274	26	527	2000
		기대빈도	1000.0	173.0	274.0	26.0	527.0	2000.0

III. 나가며

개신교는 '혐오의 생산자'라는 오명을 벗을 수 있을까? 여성을 대상화하고 나와 다른 존재를 타자화하면서 교회의 권위체제를 성스럽게 수호하려는 열망으로, 정죄와 배제 그리고 혐오를 일삼는 교회의 모습에 비개신교인뿐만 아니라 개신교인들조차 가멸찬 비판과 회의적 시선을 보내는 상황을 교회는 어떻게 벗어날 수 있을까? 지금까지 수호해온 교회의 지배질서와 담론들, 그것이 빚어낸 한국교회의 에토

스가 더 이상 유효하지 않음을 직시하면서, 교회 내 개혁과 방향전환을 이루어낼 수 있을까? 이러한 상황에서 현재 개신교인의 의식구조, 특히 젠더의식을 확인하는 작업이 시급히 요청된다. 개신교인의 인식, 그 좌표와 지형을 파악하고 진단하는 것이야말로 다음 단계로 가기 위한 선행작업이기에 그러하다. 이 점에서 본 설문조사에서 개신교인의 젠더의식이 비개신교인, 타종교인들과 비교해볼 때 별 차이가 없거나 낮은 수준을 나타냈다는 것은 어느 정도 예상한 결과이기도 하다. 그리고 여기에서 개신교의 의식구조에 대한 진단이 시작되어야 할 것이다.

설문조사 결과와 통계 분석에서 확인하듯이 성차별 수준에 대해서는 개신교인과 비개신교인 간 유의미한 인식 차이는 없었다. 그러나 보편적 사회 현상보다는 가정이라는 구체적 삶에서 신앙의 보수성이 젠더의식의 보수성으로 드러났다. 이것은 낙태와 동성애 이슈에서는 더 분명하게 나타났다. 절반 이상이 개신교인이 근본주의적 신앙관에 입각하여 낙태와 동성애에 대해서 부정적이거나 배타적으로 인식했다. 이는 타종교인들의 인식과는 큰 차이를 보였다. 기존의 한국교회의 가부장적 권위 구조와 보수적 신앙관은 여성을 타자화하고 대상화하면서 성차별적 인식을 더욱 강화해왔다. 이러한 교회 문화에서 낙태의 책임과 비난은 오롯이 여성의 몫으로 전가되고, 동성애에 대한 혐오는 동성애자에 대한 정죄와 배제로 확대됐음을 알 수 있었다. 물론 "동성애는 죄이지만, 동성애자는 하나님의 구원의 대상으로 사랑으로 포용해야 한다"라는 교회의 일관된 주장에도 불구하고 개신교가 보여준 동성애에 대한 혐오는 사회 내 개신교 혐오와 그 궤를 같이 하고 있다. 개신교가 누군가의 존재를 지울수록 이 사회에서 개신교의 존재 역시 지워지고 있음으로 통렬하게 인지해야 할 것이다.

다른 한편으로 젊은 세대 및 가나안 성도와 같은 층위들이 보여주는 젠더의식의 변화이다. 연령과 신앙도에서는 기존 개신교인의 범주에서는 포섭되지 않지만, 변화하는 한국 사회에서 새로운 젠더감수성과 의식을 형성하는 세대의 출현을 감지할 수 있다. 남성 차별에 관한 응답률과 신앙의 충실도가 낮은 이들의 문제의식이 단지 신앙이 없어서가 아니라 젠더의식의 변화에 동참하고 저항하는 방식의 의견들이 될 수 있음을, 교회 내 다른 목소리들에 대한 가능성을 제시하고 있음을 생각하게 한다. 물론 설문에서 본격적으로 다루지 못했으나 다음 연구에서는 새로운 신앙 양태에 따른 젠더 이슈의 다변화된 모습을 연구함으로써 교회의 변화를 함께 이야기하고자 한다.

율법과 정결례에 근거한 하나님의 통치보다는 인간을 존재 그 자체로 귀하게 여기고 하나님의 자녀로 부르셨던 예수님의 구원 사역이 어느 때보다 절실한 때이다. 교회는 그들만의 권위 구조에서 누군가의 삶을 부정하고 다른 소리를 정죄하며 획일화된 방식을 강요하기를 멈추고, 하나님 나라에 참여하기를 원하는 사람들과 함께 다양한 삶의 경험들을 존중하고 다른 소리들이 기꺼이 소통될 수 있는 공론의 장을 만들어가야 한다. 젠더 이슈에 관한 개신교인의 배타적 인식에도 불구하고, 교회에는 타자의 삶의 맥락을 이해하고 존중하며 다양한 인식의 스펙트럼을 꾸려 가는 개신교인들이 있다는 사실도 간과해서는 안 된다. 남성 목회자 중심의 위계적 권위 구조에서 교회 공동체 구성원 모두가 참여하는 수평적 구조로의 전환 그리고 교회에서 젠더 담론이 개방적이고 유쾌하게 이야기되는 문화를 이루어 가려는 과정 그 자체로 우리는 젠더에 기반한 차별과 혐오를 넘어 하나님 나라, 그 불가능의 가능성을 꿈꿔볼 수 있을 것이다.

참고문헌

김성진·최재천·허라금·이진·양현아·구영모. "낙태와 생명윤리." 「철학과 현실」 116 (2018): 15-76.

마경희. "변화하는 남성성과 성차별." 「2019, 변화하는 남성성을 분석한다: 성평등 정책의 확장을 위해」. 한국여성정책연구원 주관, 2019년 4월 18일 포럼 발표.

백소영. "젠더 갈등의 '선택적 혼종성' 양상에 대한 신학윤리적 제언." 「기독교사회윤리」 제43집 (2019): 123-151.

손희정. 「페미니즘 리부트」. 서울: 나무연필, 2017.

_____. "혐오의 시대." 「여/성이론」 32 (2015): 12-42.

이현재. "도시적 감정으로서의 여성혐오와 도시적 젠더정의의 토대로서의 공감의 가능성 모색." 「한국여성철학」 25 (2016): 35-64.

임옥희. 「젠더 감정 정치: 페미니즘 원년, 감정의 모든 것」. 서울: 여이연, 2016.

천관율. "데이터로 분석한 '20대 남자 현상 취재기." 「시사in 저널리즘 콘퍼런스」. 2019.12.3. 발표. https://www.youtube.com/watch?v=Szf-XcUZVy0. 2020.5.3.

'낙태죄' 헌법불합치 결정…"2020년 말까지 법 개정하라." http://www.hani.co.kr/arti/society/society_general/889644.html. 2020.4.30.

한국 개신교인의 통일 의식을 묻다*

김상덕**

I. 들어가며

2018년 4월 27일, 판문점에서 역사적인 남북정상회담이 있은 후
한반도는 평화체제로의 급물살을 타는 듯 기대감에 부풀어 있었다. 하
지만 2019년 하노이 북미정상회담이 별다른 성과를 내지 못한 채 마
무리가 되고, 한반도를 둘러싼 국제정치는 여전히 복잡하게 얽혀 있

---

* 이 글은 「기독교사상」 2019년 11월호(통권 731호)에 게재한 "통일 및 남북관계에 대한
  개신교인의 인식"을 수정 및 보완한 것이다.
** 한국기독교사회문제연구원 연구실장

다. 본연구는 한국기독교사회문제연구원에서 수행한 '2019 주요 사회 현안에 대한 개신교인 인식조사' 연구를 기반으로 한반도 평화와 통일에 대한 개신교인의 인식을 살피는 데 그 목적을 둔다. 통일/평화 분야 관련 설문은 총 15문항에 걸쳐 진행되었으며 크게 네 개의 세부 주제, 1) 통일 및 남북관계에 대한 인식, 2) 북한정권과 대북정책에 대한 인식, 3) 현 정부와 대북정책에 대한 평가, 4) 통일/남북관계 인식 형성의 경로와 특징을 묻는 것으로 구성하였다. 이에 설문 결과 및 분석 내용을 간략히 나누고자 한다.

II. 설문조사 개요

한국기독교사회문제연구원은 "2019 주요 사회 현안에 대한 개신교인 인식조사"를 수행하였다. 본 설문조사의 개요는 다음과 같다. 설문조사 주제는 신앙, 정치, 경제, 사회(젠더), 통일/평화, 환경 등 총 6개 분야에 걸쳐 약 100여 문항을 묻고 답하는 방식으로 이뤄졌다. 설문의 조사기간은 7월 8일부터 19일까지 진행되었으며, 설문대상은 전국 20세 이상 성인남녀 기준 개신교인 1,000명과 비개신교인 1,000명 총 2,000명이다. 조사방법은 패널을 활용한 온라인조사 방식을 활용하였고, 조사기관은 〈지앤컴리서치〉에 의뢰하여 실시되었다. 설문조사의 신뢰도는 표본오차 95% 신뢰수준에서 ±3.1%이다.

설문조사 결과를 살펴보기에 앞서, 설문조사가 진행된 시기에 대해 언급해야 한다. 통일 및 남북문제에 대한 설문조사는 남북관계 및 국제 정세에 큰 영향을 받기 때문이다. 앞서 언급한 바와 같이 설문이 실시된 2019년 7월 중순은 역사적인 남북정상회담과 판문점 선언 등의 열기가 이미 식은 후였고 특별히 하노이 북미협상이 결렬된 후였다. 따라서 남북관계 개선에 대한 기대가 사라지고 일종의 실망감이 드러난 냉각기로 접어든 시기라고 볼 수 있다.[1]

본 한국 개신교인의 통일의식에 대한 설문조사 연구는 크게 두 가지 의미를 가진다. 첫째, 국내외 정치적 맥락 속에서 개신교인은 통일 및 남북관계에 대한 어떤 생각을 갖고 있는가를 살펴보는 것이다. 이는 비개신교인과 마찬가지로 한반도 평화를 둘러싼 외부적 요인에 대한 개신교인의 반응을 살펴보는 것으로, 개신교인은 비개신교인과 얼마나 유사한 혹은 다른 인식의 차를 보여주는지를 살피는 것이다. 둘째, 이 연구는 국내외 정치적 맥락에도 불구하고 개신교인들이 갖는 고유한 특성이 있는지를 살피고자 한다. 같은 상황 속에서도 개신교인은 비개신교인과 차이를 보이는데 그 원인은 무엇인지 분석하고자 함이다.

그렇다면 개신교인들이 가진 통일의식이란 무엇이고 그 특징은 무엇인가? 개신교인의 특정한 그리고 일치된 형태의 통일의식은 존재하는가? 그들에게 기독교 신앙이란 그들의 통일의식의 형성에 어떤 영향을 끼쳤는가 혹은 끼치지 않았는가? 이 질문에 대한 답을 찾기 위하

---

1 예를 들어, 남북정상회담 직후인 2018년 설문 조사 결과와 비교하면 응답률의 차이가 드러난다. 필자는 주로 서울대학교 통일평화연구원에서 실시한 〈2018 통일의식조사〉를 비교대상으로 하였다.

여 개신교인들이 가진 통일과 평화에 대한 개념을 묻고 분류화하여 설명하고자 한다.

III. 설문조사 개요 및 분석 결과

본 설문결과는 통일담론과 당위성 논의와 비교하여, 실제 한국 개신교인의 통일 및 평화에 대한 인식의 현황, 분포 및 특징 등에 대하여 보여주는 하나의 기초자료이다. 설문결과는 크게 세 가지 특징으로 요약될 수 있다. 첫째, 통일 및 남북관계에 대한 인식은 전쟁의 위협을 줄이고 통일을 통한 경제적 성장을 높일 수 있기를 바라는 것으로 나타났다. 둘째, 북한정권 및 대북정책에 대한 인식이 긍정적으로 변화하고 북핵문제 해결에 대한 기대심리가 증가한 것으로 나타났다. 마지막으로 개신교인은 비개신교인과 마찬가지로 통일 및 남북문제에 관하여 언론 및 인터넷의 영향을 가장 많이 받으며 설교 및 기독교 서적을 통한 영향력은 높지 않은 것으로 나타났다. 세 가지 특징에 대해 구체적으로 살펴보면 아래와 같다.

1. 통일 및 남북관계에 대한 인식: 전쟁의 위협은 줄이고, 경제적 성장은 높이길

첫 번째로 통일 및 남북관계에 대한 개신교인의 인식을 살펴보자.

개신교인의 응답 중 다수의 의견을 요약하면 '전쟁의 위협은 줄이고, 경제적 성장은 높이길' 원하는 것으로 나타났다. 이와 관련한 설문결과는 다음과 같다.

먼저 한반도 통일의 필요성을 묻는 질문에 개신교인 67.7%가 '필요하다'라고 대답하고 있으며 이는 비개신교인(56.6%)보다 조금 더 높은 것으로 나타난다. 통일의 방식을 묻는 질문[그림1]에서는 '통일을 서두르기보다 여건이 성숙하기를 기다려야 한다'는 응답률이 65.2%로 가장 높게 나타나고 있으며 그다음으로 '전쟁을 제외한다면 어떤 방식으로든 빨리 통일이 되는 것이 좋다'(개신교인 23.3%), '통일을 하지 않은 현재 그대로가 좋다'(개신교인 7.3%)의 순으로 나타나고 있다. 반면 '어떤 대가(전쟁을 포함)를 치르더라도 빨리 통일이 되어야 한다'고 대답한 비율은 두 집단 모두 2% 미만으로 가장 적었다.

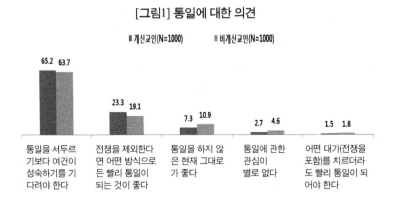

[그림1] 통일에 대한 의견

서울대학교 통일평화연구원의 〈2018 통일의식조사〉도 비슷한 결과를 보여준다. 이 자료에 따르면, '여건이 성숙하기를 기다려야 한다'

는 입장이 67.7%로 비슷한 수준으로 집계되었다. 하지만 '어떠한 대가를 치르더라도 가능한 한 빨리 통일이 되는 것이 좋다'라고 응답한 비율이 9.9%로 본 조사보다 높은 비율을 보였다.[2] 통일평화연구원의 조사에서는 통일의 '어떠한 대가' 중 '전쟁'을 직접 언급하진 않았다는 차이가 있다. 반면 본 조사에서는 '전쟁'을 구체적으로 명시하면서 통일의 방법을 물었을 때 절대적 다수가 통일 및 남북관계에 있어서 '전쟁'이 일어나서는 안 된다는 기본적인 입장이 확인한 것으로 볼 수 있다.

[그림 2] 남북관계 개선을 위한 시급한 문제

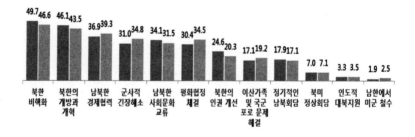

통일에 대한 인식을 묻는 질문에서 '군사적 긴장'이 여전히 중요한 비중을 차지하고 있다는 것 또한 같은 맥락으로 볼 수 있다. 이는 남북관계 개선을 위해 시급한 문제를 중복하여 선택하는 질문[그림2]에서

---

2 정동준 외, 『2018 통일의식조사』 (서울대학교 통일평화연구원, 2019), 표1-1-6 참조.

개신교인(49.7%), 비개신교인(46.6%) 모두 '북한 비핵화'를 가장 많이 선택했다는 점에서도 나타난다. '군사적 긴장 해소'(31.0%)와 '평화협정 체결'(30.4%)도 상위권에 올라있다. 또한 남북관계를 가로막는 가장 시급한 문제로 '북한 비핵화'(49.7%)와 '북한의 개방과 개혁'(46.1%)을 가장 시급하다고 꼽았다는 점은 북한 정권을 통일의 장애물 혹은 (통제되지 않는) 변수로 인식한다는 점을 드러낸다. 다시 말해, (남한은 잘 하고 있으니) 북한이 변해야 남북관계가 개선될 수 있다고 무의식적으로 믿는 것이다. 반면, 남과 북이 함께 해결해야 한다는 견해들(경제협력, 사회문화 교류, 군사적 긴장해소, 평화협정 체결 등)도 뒤를 잇고 있다.

1) 개신교인의 보수적 성향

특이점으로는 '군사적 긴장 해소'와 '평화협정 체결'은 비개신교인에서 약간 더 높은 응답률을 보이는 반면, '북한의 인권 개선'은 개신교인에서 약간 더 높은 응답률을 보이고 있다. 이는 일반적으로 개신교인들이 상대적으로 남한 체제에 대하여 좀 더 보수적인 견해를 갖는 것으로 이해할 수 있다. 비슷한 예로, 한반도 평화 정착을 위한 체제를 묻는 질문[그림3]에 대하여 '남한의 체제로 통일이 되어야 한다'라고 응답한 비율이 개신교인 48.4%, 비개신교인 39.7%로 더 높다. 반면, '두 체제를 각기 유지한다'와 '남한과 북한의 체제를 절충한다'고 응답한 수에서는 비개신교인이 조금씩 더 높게 나타난다.

특이점으로는 '군사적 긴장 해소'와 '평화협정 체결'은 비개신교인에서 약간 더 높은 응답률을 보이는 반면, '북한의 인권 개선'은 개신교인에서 약간 더 높은 응답률을 보이고 있다. 이는 일반적으로 개신교인들이 상대적으로 남한 체제에 대하여 좀 더 보수적인 견해를 갖는 것으로 이해할 수 있다. 비슷한 예로, 한반도 평화 정착을 위한 체제를 묻는 질문[그림 3]에 대하여 '남한의 체제로 통일이 되어야 한다'라고 응답한 비율이 개신교인 48.4%, 비개신교인 39.7%로 더 높다. 반면, '두 체제를 각기 유지한다'와 '남한과 북한의 체제를 절충한다'고 응답한 수에서는 비개신교인이 조금씩 더 높게 나타난다.

[그림 3] 한반도 평화정착을 위한 체제

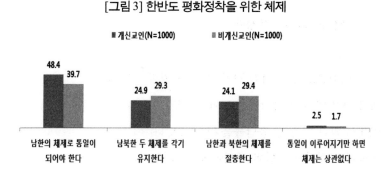

개신교인이 가진 다소 보수적인 통일인식은 통일의 당위성을 묻는 질문에 대한 응답에서도 작지만 차이를 보인다. 통일을 해야 하는 이유를 묻는 질문[그림4]에서 개신교인은 '경제적 성장'에 이어 '같은 민족이니까'를 선택했다. 이는 전체의 24.4%이며 이는 비개신교인 19.6%보다 약 5% 정도 높은 응답률이다. 이른바 민족중심의 통일담론이 개

신교인 사이에서 여전히 영향력을 발휘하고 있음을 알 수 있는 대목이다. 세 번째로 '전쟁의 위협을 줄이기 위해서'라고 응답한 비율은 각각 개신교인 22.5%, 비개신교인 22.0%로 거의 유사하다.

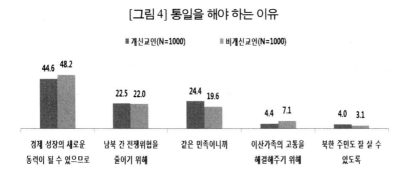

[그림 4] 통일을 해야 하는 이유

■ 개신교인(N=1000)　　■ 비개신교인(N=1000)

44.6 48.2　　22.5 22.0　　24.4 19.6　　4.4 7.1　　4.0 3.1

경제 성장의 새로운　　남북 간 전쟁위협을　　같은 민족이니까　　이산가족의 고통을　　북한 주민도 잘 살 수
동력이 될 수 있으므로　　줄이기 위해　　　　　　　　　　해결해주기 위해　　있도록

2) 경제적 요인이 가장 크다

여기서 짚고 넘어갈 점은 통일의 이유를 묻는 질문[그림4]에 대해 '경제 성장의 새로운 동력이 될 수 있으므로'라고 응답한 비율이 가장 높다는 점이다(개신교인 44.6%, 비개신교인 48.2%). 이는 전통적으로 (혹은 이념적으로) 가장 중요하게 여겨지던 통일의 이유, 즉 '같은 민족이니까'라고 응답한 것에 두 배를 웃도는 결과이다. 다시 말해, 개인에게 영향을 미치는 경제적 이유가 같은 민족성을 이유로 하는 이념적 이유보다 더 중요하다는 것이다.

이와는 대조적으로 통일평화연구원의 〈2018년 통일의식조사〉에서는 '민족주의적 통일담론'은 여전히 우세했다. 이 조사에 따르면 통일의 이유를 묻는 질문에 대하여 전체의 45.1%가 '같은 민족이니까'라고 답했다. 두 번째 이유는 '전쟁의 위협을 없애기 위해서'이며 31.4%의 비율이다. 하지만 이 설문항에는 '경제적 성장'을 고르는 선택지는 없었고 대신 '한국이 보다 선진국이 되기 위해서'(12.9%)가 나온다.[3]

반면에 같은 조사에서 '통일이 되지 말아야 할 이유'를 묻는 질문에는 경제적인 요인이 포함되어 있으며 그 결과는 놀랍게도 '통일에 따른 경제적 부담' 때문이라고 응답한 수가 전체의 34.67%로 가장 높았다. 두 번째로 높은 응답률도 '통일 이후 생겨날 사회적 문제'(27.67%)로 나타났다. 이는 통일에 대한 이념적 혹은 민족적 명분보다 자신(개인)에게 직접적으로 해당되는 유익이나 피해에 더 민감했음을 보여주는 결과이다.

본 연구에서 통일을 해야 하는 이유로 '경제적 성장'이 가장 높게 나온 것도 같은 맥락에서 해석될 수 있다. 동시에 (앞에서도 언급한 바와 같이) 개신교인 응답자 중 민족주의적 통일담론을 선택한 응답률이 상대적으로 비개신교인보다 높다는 점은 (그것이 이념적인 성향을 떠나서) 기독교가 개인적이고 실용주의적인 관점보다 민족주의적인 통일의식의 영향 아래 있음을 보여준다. 다시 말해, 한국교회의 상당수가 여전히 개인적인 이해관계보다 국가 혹은 공동체적인 가치를 중요하게 생각하는 사회적 보수성을 가지고 있음을 보여준다.

---

3 〈2018 통일의식조사〉 표1-1-4 참조.

2. 북한 및 대북정책에 대한 인식: 북핵 문제 해결의 기대심리 증가

다음은 북한정권 및 대북정책에 대한 인식에 대한 조사 결과이다. 북한 혹은 북한정권에 대한 인식은 자연스레 대북정책에도 영향을 미치기 마련이며 전반적으로 북핵문제 해결의 기대심리가 증가한 것으로 나타났다.

본 연구는 2018년 남북정상회담 이후 우리 국민들이 가진 북한 정권에 대한 인식의 변화를 묻고 있다는 점에서 의의를 가진다. 그리고 그 결과는 일단 긍정적인 것으로 보인다. 예를 들어, 북한의 개혁개방 표방 움직임에 대한 질문[그림 5]에 대하여 개신교인과 비개신교인 모두 과반수 이상이 '북한 정권의 성격이 변하고 있다'고 응답했다(개신교인 54.4%, 비개신교인 56.2%). 〈2017 통일의식조사〉의 경우, 북한 변화에 대한 인식이 2007년부터 10년간 꾸준히 부정적으로 감소하고 있었으며, 2017년의 경우 '북한이 변하고 있다'라고 대답한 비율은 31.9% 그쳤다. 반면에 '북한이 변하고 있지 않다'라고 응답한 비율은

[그림 5] 북한의 개혁개방에 대한 의견

68%로 나타나 북한 정권에 대한 불신이 매우 높았다. 그러나 2018년 남북정상회담 후에는 긍정 77.3%, 부정 22.7%로 극적인 역전현상이 나타났다.[4]

북한 정권에 대한 긍정적 인식은 북핵 문제 해결을 위해 필요한 방안을 묻는 질문[그림 6]에 대하여 '북한과의 교류 협력을 통하여 해결한다'를 선택한 비율이 가장 높았다는 점에서도 유사한 맥락으로 해석될 수 있다(개신교인 41.1%, 비개신교인 46.0). 이는 '핵무기 폐지'(36.7%)와 '한미 동맹 및 군사안보'(14.6%)를 앞서는 결과이다.

[그림 6] 북핵 문제 해결을 위해 필요한 방안

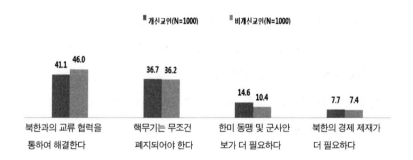

북한 정권에 대한 우호적인 인식으로의 변화는 현 정부에게도 영향을 미치는가? 현 정부의 통일 및 대북 관련 정책을 평가하는 질문에 대해 개신교인의 39.9%, 비개신교인의 36.9%가 '잘하고 있다'고 평가하는 것으로 조사되었다. 반면, '잘못하고 있다'라고 응답한 비율은 개

---

4 위의 조사, 표 1-2-12 참조.

신교인 28.0%, 비개신교인 29.5%로 '잘 하고 있다'는 응답이 근소하게 더 많은 것으로 나타났다. 현 정권의 대북 정책과 관련하여 긍정적 평가가 조금 더 높은 것은 사실이지만, 놓치지 말아야 할 것 중 하나는 '보통이다'라고 대답한 중간층 혹은 무당층이 존재한다는 사실이다(개신교인 32.1%, 비개신교인 33.6%).

3. 통일 및 남북 문제에 대한 정보 획득 경로: 언론 및 미디어의 중요성

이번 설문 조사 결과에 따르면, 통일 및 남북 관계에 대한 개신교인의 인식은 비개신교인의 인식과 크게 다르지 않는 것으로 나타난다. 이는 개신교인들에게 신앙의 요소가 통일 의식을 형성하는 데 큰 영향력을 주지 못하고 있다는 것으로 해석될 수 있다. 이런 결과에는 여러 가지 원인들이 있겠지만, 무엇보다 통일 및 남북문제에 대한 정보가 제한적이라는 면을 들 수 있다. 이러한 맥락에서 통일 의식의 형성되는 경로가 무엇인지를 알아보기 위한 설문의 결과는 다음과 같다.

[그림 7] 통일 및 남북문제에 대한 정보 획득 경로

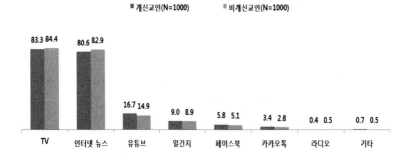

■ 개신교인(N=1000)   ■ 비개신교인(N=1000)

	TV	인터넷 뉴스	유튜브	일간지	페이스북	카카오톡	라디오	기타
개신교인	83.3	80.6	16.7	9.0	5.8	3.4	0.4	0.7
비개신교인	84.4	82.9	14.9	8.9	5.1	2.8	0.5	0.5

먼저, 통일과 남북 문제에 대한 정보를 얻는 경로를 물어본 질문[그림 7]에서 응답자들이 가장 많이 선택한 매체는 'TV'와 '인터넷 뉴스'였다. 'TV'는 전통적으로 가장 영향력 있는 대중 매체이다. 개신교인 83.3%, 비개신교인 84.4%가 주로 TV를 통해서 통일 분야의 정보를 얻는다고 답하고 있다. TV가 전통적인 매체인 반면 온라인 매체인 '인터넷 뉴스'의 영향력도 'TV' 만큼이나 높은 이용률을 보이고 있다(개신교인 80.6%, 비개신교인 82.9%).

[그림 8] 통일 및 남북문제에 대한 인식에 영향을 미친 것

① 매우 영향을 미쳤다 ② 약간 영향을 미쳤다 ③ 별로 영향을 미치지 않았다 ④ 전혀 영향을 미치지 않았다

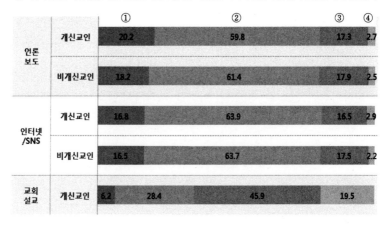

		①	②	③	④
언론보도	개신교인	20.2	59.8	17.3	2.7
	비개신교인	18.2	61.4	17.9	2.5
인터넷/SNS	개신교인	16.8	63.9	16.5	2.9
	비개신교인	16.5	63.7	17.5	2.2
교회설교	개신교인	6.2	28.4	45.9	19.5

'두 매체에는 크게 미치지 못하지만, '유튜브'가 '일간지'나 '라디오'보다 더 높은 응답률을 보이는 점은 주목할 만하다(개신교인 16.7%, 비개신교인 14.9%). 매체의 특성상 '유튜브'는 '일간지'나 '라디오'보다 정

보의 진위 여부나 표현의 수위 등이 불투명한 경향이 있어서 세심한 주의가 요구될 수 있다. 연령별로는 개신교인과 비개신교인 모두 '인터넷 뉴스' 응답률은 40대에서 상대적으로 높게 나타나고, '유튜브' 응답률은 20대에서 상대적으로 가장 높게 나타난다.

마지막으로, 통일 및 남북문제에 대한 인식을 갖게 되는 데 영향을 미친 경로에 대해 묻기 위하여 '언론보도', '인터넷/SNS' 그리고 '설교'(개신교인만)를 나누어 물어보았다[그림8]. 그 결과, 개신교인과 비개신교인 모두 '언론보도'와 '인터넷/SNS'를 통하여 통일 및 남북문제에 대한 인식형성에 영향을 받았다고 응답했는데 전체의 약 80%의 응답률이다. 국민의 대다수가 통일에 대한 정보를 얻는 경로와 그로 인한 영향력을 언론과 인터넷을 통해서 받고 있다는 말이다. 한반도 평화 및 통일문제에 대한 설문 응답률이 국제정세의 영향을 받으며 특별히 정보를 얻는 경로가 언론 및 인터넷이라는 것은 남북관계에 대한 주체

[그림 9] 출석 교회 목회자의 통일 및 남북문제 관련 설교 내용

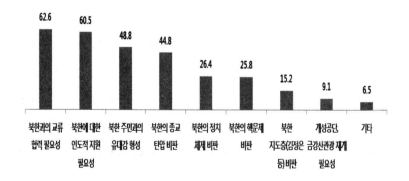

적인 의식을 갖기란 쉽지 않은 현실임을 자각하게 된다.

반면, '교회설교'를 통해 통일 인식에 영향을 받게 되었다고 응답한 비율은 34.6%에 그치면서 대조를 보인다. 좀 더 세부적으로, 한국교회는 통일에 대한 설교를 얼마나 자주하는지를 묻는 질문에 '별로 혹은 거의 하지 않는다'고 응답한 비율이 58.6%로 '자주 혹은 가끔 한다'고 응답한 비율(41.4%)보다 높게 조사되었다. 그나마도 통일과 관련된 설교를 '한다'라고 응답한 중에는 1,000명 이상의 교회인 경우에서 높게 나타나는 경향성을 가지고 있다. 끝으로 출석 교회 목회자가 통일 및 남북문제 관련 설교를 '한다'고 응답한 자에게 그 내용을 물은 결과 [그림 9], '북한과의 교류 협력 필요성'(62.6%)과 '북한에 대한 인도적 지원 필요성'(60.5%) 등이 가장 많이 언급되는 것으로 조사되었다. 한편, '북한의 종교 탄압 비판'(44.8%), '북한의 핵문제 비판'(25.8%), '북한 지도층 비판'(15.2%) 등 북한에 대한 비판적 설교도 상당한 수준으로 나타나고 있다는 것을 알 수 있다.

4. 개신교인 통일의식 형성과 신앙 정도의 관계

개신교인의 보수적인 통일인식은 신앙적인 정도의 차이를 보일까? 본 연구에서 다수의 질문에 대한 결과가 표면적으로는 개신교인과 비개신교인이 큰 차이를 보이지 않는 것으로 나타났다. 이는 위에서 살펴본 대로 통일/평화 이슈에 대한 영향력이 절대적으로 언론 및 인터넷 등에 의존해 있기 때문이다. 그럼에도 불구하고 일부 항목에서는 개신교인들의 보수적인 특성들이 나타나기도 했다. 이중 통일에 대한 당위성 혹은 통일 담론과 관련한 기독교인의 응답률이 신앙적 요소 중 하나인 '예배 참석 빈도'와 어느 정도의 연관이 있음을 보이고 있다.

앞서 [그림 4] '통일을 해야 하는 이유'를 묻는 질문에 '남한의 체제로 통일이 되어야 한다'고 응답한 개신교인 중 매주 예배에 참석하는 교인(50% 이상)들이 매주 예배에 참석하지 않는 교인들(40% 미만)보다 '남한 체제 방식의 통일'을 10% 이상 더 선호하는 것으로 나타났다.

<표 1> 한반도 평화 정착을 위한 체제
(개신교인 응답 중 예배 참석 빈도에 따른 응답률)

		사례수	남한의 체제로 통일이 되어야 한다	남북한 두 체제를 각기 유지한다	남한과 북한의 체제를 절충한다	통일이 이루어지기만 하면 체제는 상관없다
[전 체]		(1000)	48.4	24.9	24.1	2.5
예배 참석 빈도	주 3회 이상	(152)	51.2	25.3	21.8	1.7
	주 1~2회	(524)	54.3	20.3	22.5	2.9
	월 3회 이하	(226)	36.5	28.2	33.9	1.4
	교회 안나감	(97)	39.4	41.8	13.9	4.9

현재 체제에 대한 선호도는 다른 종교와의 비교에서도 차이가 난다. 예를 들어, 불교가 40.6%, 천주교 38.4%, 무교 40.5% 등으로 개신교인 중 매주 예배에 참석하지 않는 교인들과 유사한 수준이다. 다시 말해, 개신교인 중 매주 예배에 참석한다고 응답한 교인들이 남한

체제의 통일에 대해 선호도가 높다는 것이다.

이러한 결과를 어떻게 설명할 수 있을까? 단순한 비교는 어렵지만 '통일을 해야 하는 이유'를 묻는 질문에 '경제 성장' 대신 '같은 민족이니까'를 답한 개신교인의 구성을 보면, 예배 참석 빈도가 높아질수록 응답률이 높게 나타나는 것을 알 수 있다. 예배 참석 빈도가 '주 3회 이상'인 경우 통일의 이유를 '같은 민족이니까'라고 답한 비율이 31.6%로 가장 높다. 이후 '주 1-2회'(25.9%), '월 3회 이하'(19.7%), '교회 안 나감'(16.4%) 순으로 낮아진다. 이를 달리 말하면, 예배 참석 빈도가 높아질수록 같은 민족을 강조하는 민족주의적이고 보수적인 통일 담론을 지지하는 셈이다.

개신교인의 통일의식 형성에 있어서 신앙적인 요소와의 상관관계를 밝히는 것은 어려운 일이다. 개인 및 집단의 통일의식 형성에 미치는 외부적 요인이 너무도 다양하기 때문이다. 본 연구에서는 거칠게나마 그 관계를 묻기 위하여 "기독교인이 통일에 대해 가져야 할 바람직한 생각"은 무엇인지 물었다. 이에 대한 응답은 아래 [그림 10]과 같다.

흥미로운 점은 '북한의 공산정권이 무너지고 통일이 되어야 북녘의 동포들이 비로소 신앙의 자유를 갖게 된다'라고 대답한 응답자 중에서 예배 참석 빈도가 높을수록 높게 나타나고, 반대로 참석 빈도가 낮을수록 '기독교적 신앙과 통일 문제는 상관이 없다'고 대답했다. [표 2]는 '기독교인이 통일에 대해 가져야 할 바람직한 생각'에 대한 질문에 '예배 참석 빈도'에 따른 응답률을 보여준다.

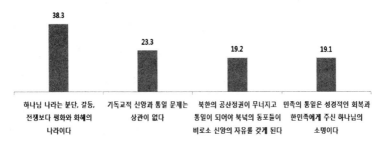

[그림 10] 기독교인이 통일에 대해 가져야 할 바람직한 생각 (개신교인 대상)

- 38.3 하나님 나라는 분단, 갈등, 전쟁보다 평화와 화해의 나라이다
- 23.3 기독교적 신앙과 통일 문제는 상관이 없다
- 19.2 북한의 공산정권이 무너지고 통일이 되어야 북녘의 동포들이 비로소 신앙의 자유를 갖게 된다
- 19.1 민족의 통일은 성경적인 회복과 한민족에게 주신 하나님의 소명이다

<표 2> 기독교인이 통일에 대해 가져야 할 바람직한 생각 (예배 참석 빈도)

		사례수	하나님 나라는 분단, 갈등, 전쟁보다 평화와 화해의 나라이다	기독교적 신앙과 통일 문제는 상관이 없다	북한의 공산 정권이 무너지고 통일이 되어야 북녘의 동포들이 비로소 신앙의 자유를 갖게 되었다	민족의 통일은 성경적인 회복과 한민족에게 주신 하나님의 소명이다
[전 체]		(1000)	38.3	23.3	19.2	19.1
예배참석빈도	주 3회 이상	(152)	28.9	8.5	34.4	28.2
	주 1-2회	(524)	39.4	20.5	18.8	21.2
	월 3회 이하	(226)	45.8	27.7	15.3	11.2
	교회 안나감	(97)	29.6	51.7	6.8	11.9

물론 개신교인 전체 응답자 중 가장 높은 비율인 38.3%의 교인들이 통일에 대한 기독교적 관점에 대해 '평화와 화해'의 가치를 선택했다는 것은 분명하다. 그리고 두 번째로 높은 비율로 '기독교적 신앙과

통일 문제는 상관이 없다'(23.3%)라고 대답한 점도 주목할 만하다. 그러나 여기서 가장 두드러진 특징은 소위 '반공'과 '북녘선교'를 기독교적 통일관으로 응답한 개신교인들이 예배 참석 빈도수가 높을수록 높게 나타났다는 점이다. 비슷하게 '민족의 통일은 성경적인 회복과 한 민족에게 주신 하나님의 소명이다'라고 응답한 비율도 정도의 차이는 나지만 유의미한 상관관계를 보여준다. 다시 말해, 일부이지만 상당한 수의 개신교인들이 종교 활동(예배 참석)을 통하여 보수적인 통일관을 갖게 되는 것임을 보여주는 것이다. 반면 비교적 진보적인 통일관을 갖는 것은 '예배 참석 빈도'만으로는 설명이 어렵다. 다만 예배 말고도 다른 요인들이 영향을 준다고 추측은 가능하다.

IV. 민족주의와 실용주의를 넘어, 평화주의로

한국인의 통일의식과 관련하여, "왜 통일을 해야 하는가"에 대한 질문은 각자의 통일 및 남북문제, 나아가 한반도 평화체제에 대한 사회의식을 반영한다. 본 연구는 "통일의 당위성"과 관련하여 한국의 개신교인이 지닌 사회의식의 묻고 그 결과의 특징을 분석하고자 한다. 전통적으로 통일의 당위는 민족주의와 실리주의로 크게 나눠지는데 이념과 안보, 경제적 요소들이 통일관 형성에 영향을 준다고 하겠다. 예를 들어, 이내영은 통일의식형성에 영향을 끼치는 주요 요인을 인구사회변수, 정치성향, 민족정체성, 통일의 기대이익 등 네 가지로 구분하여 분석하였다(이내영 2008). 이와 유사하게 통일의식을 분석하는 틀로는 "인류보편의 가치와 편익주의"(김재천 2017), "개인주의와 집단주의"(남희은 2014), "역사적 접근과 주체적 접근"(안교성 2016), "통일비용과 통일편익"(이성우 2018) 등이 있다.

위 분석틀은 한국인의 통일의식을 크게 두 가지로 구분하여 쉽게 설명하는 장점이 있다. 그러나 통일에 대한 개인적인 이유가 다만 그렇게 단순하지 않을 것이다. 거대 담론적인 구분은 통일에 대한 당위성을 주장하고 교육하는 차원에서 발생하는 현상이다. 그리고 이러한 구분은 통일운동의 시대적인 변화와 그 궤적을 같이 한다. 이병수(2010)는 한국인의 통일담론을 분석하면서 과거 민족주의적 담론과 실용주의적 담론을 넘어 최근 등장한 한반도 평화체제로의 전환(평화담론)을 제안한 바 있다.

본 조사에서 나타난 개신교인의 통일의식에서 가장 중요한 가치는 '평화' 자체이며 '통일'의 당위보다 우선한다. 한반도 통일을 바라지만 평화적으로 이뤄져야 한다는 염원은 보편적인 인식으로 자리 잡은 듯 보인다. 특별히 '전쟁'을 치르더라도 빨리 통일이 되어야 한다는 극단적인 주장은 극소수에 불과함을 알 수 있다. 그러나 여기서 말하는 '평화'의 개념은 좀 더 세심한 접근이 필요하다. 본 설문조사에서 나타난 평화의 개념은 전쟁이나 폭력적 갈등이 아닌 상태로서의 평화에 가깝다. 적극적으로 평화를 위해 어떤 노력을 하고 어떤 상태를 세워갈 것인가에 대해선 구체적 논의가 필요하다. 그것은 한반도 평화를 상상하는 구체적이고 입체적인 인식과도 연계된다. 한반도 평화와 통일에 대

한 이유가 소위 말하는 '전쟁의 부재'(absence of war)로서의 평화 이
상을 상상할 수 있어야 할 것이다. 우리는 더 적극적인 자세의 통일과
평화를 상상하길 원한다. 통일인식에 있어서 평화학적 관점이 도움이
될 수 있는 이유가 여기에 있다.

노르웨이 평화학자 요한 갈퉁(Johan Galtung)은 평화의 개념을
'적극적 평화'(positive peace)와 '소극적 평화'(negative peace)로 나
누어 설명한다.5 '소극적 평화'란 위에서 언급한 것처럼 '전쟁이나 폭력
의 부재'와 같은 상태로서 평화를 말한다. 한국의 상황에서 평화란 강
한 군사력에 의한 안보와 직결되는 이유도 이러한 개념과 맞물린다.
반면 '적극적 평화'란 전쟁이나 갈등의 원인과 그 해결에 초점을 맞춘
다. 갈등/전쟁의 원인이 되는 다양한 폭력들(예를 들어, 개인적, 물리적,
구조적, 사회적, 문화적 폭력 등)을 다층화하고 구체화한다. 따라서 폭력
에는 물리적인 폭력만이 아니라 사회 전반에 내재된 '구조적 폭력'이
존재한다고 말한다. 따라서 적극적 평화의 관점에서는 평화란 단지 폭
력이 없는 상태가 아니라 잠재적이 구조적인 폭력을 줄여가는 과정으
로서 평화를 지칭한다. 다시 말해, 평화란 평화의 집을 세워가는 과정
이며 이를 가리켜 '평화세우기'(peace-building)라고 부른다.

한반도 평화통일의 과정에서 두 가지 평화에 대한 정의와 이해가

---

5 요한 갈퉁의 평화 이론에 대해서는 다음의 자료들을 참고하라. 요한 갈퉁 지음/ 강종일
외 옮김, 『평화적 수단에 의한 평화』(서울: 들녘, 2000); 서보혁, "서평: 요한 갈퉁의
평화, 인권론", 「통일과 평화」 4권 2호 (서울대학교 통일평화연구원, 2012), 185-192;
이찬수, "한국 종교의 평화 인식과 통일 운동: 기독교계를 중심으로", 「종교문화비평」
23권 (한국종교문화연구소, 2013), 266-306.

모두 중요한 의미를 지닌다. 먼저 소극적 평화의 개념에서는 군사적 안보와 물리적 폭력을 방지하는 것을 최우선으로 둔다. 이는 나의 소중한 가족과 이웃, 국가를 지키기 위한 최소한의 정의로서 전쟁에 관한 기독교적 입장인 '정당한 전쟁론'(just war)과 그 결을 같이 한다. 그러나 현대 사회 속에서 정당한 전쟁론은 상당한 비판을 받고 있는데, 군사적 힘과 우위로 평화가 지켜지는지에 대한 의문이 존재한다. 특히 핵무기와 같은 대량살상무기의 발전으로 인해, 만에 하나라도 발생하는 우발적이고 예측불가의 상황이 벌어진다면 그 피해는 고스란히 불특정 다수의 민간인들에게로 향할 수 있기 때문이다. 적극적 평화의 관점은 전쟁과 갈등의 원인을 근원적으로 접근하여 상생과 공존을 위한 다층적이고 입체적인 인식을 형성하는 데 도움을 줄 수 있을 것이다.

국가의 역할이 군사적 위험으로부터 국민을 보호하는 것이라면, 종교의 역할은 폭력의 근원을 살피고 다름을 이해하고 포용하며 평화를 실천하도록 돕는 것이다. 이런 맥락에서 기독교는 '적극적 평화'의 관점을 수용하고 국제사회 속에서 어떻게 평화를 실천할 수 있을지를 고민하고 실천하는 '평화주의적 통일의식'으로의 변화가 필요한 시점이라고 판단된다.

V. 나가며

통일 및 남북문제에 관한 개신교인의 전반적인 시각은 비개신교인과 상당 부분 유사한 형태의 결과로 나타났다. 사안에 따라 차이를 보이는 부분도 발견되지만 커다란 흐름에서는 큰 차이가 없다. 이에 대한 원인으로는 통일 및 남북관계 문제에 대한 인식의 통로가 언론 및 미디어 등 소수의 정보매체에 의존하기 때문으로 보인다. 개신교인의 경우 교회에서 목회자의 설교를 통해 통일 및 대북관 형성에 영향을 받기도 하지만 그 영향력은 과거에 비해 미미하다. 이는 다른 사회 현안에 대해서도 유사하게 나타난다. 이와는 별개로 통일 및 남북문제에 대한 언론과 인터넷 뉴스 그리고 유튜브와 같은 소셜 미디어의 역할에 대해서도 심도 있는 논의가 필요할 것으로 보인다.

통일은 더 이상 당위에 의한 이념적 교육의 대상이라기보다 개인의 판단의 영역으로 변화하고 있다. 이념적 당위로서의 통일이 아니라 개인과 이웃에게 피해가 되지 않거나 이익이 되는 방향으로서의 통일을 추구한다. 따라서 통일이란 전쟁의 위협을 줄이고 북핵 문제를 해결함과 동시에 경제적 성장의 새로운 가능성이다. 국제정세는 여전히 불확실하지만, 북한의 개혁개방에 대한 긍정적 인식이 높아지면서 한반도 평화와 북핵문제가 해결되길 바라는 기대심리가 작용하고 있다고 판단된다.

반면, 언론/미디어의 역할이 크다는 것은 그만큼 부작용의 가능성도 크다는 것을 뜻한다. 정권에 의해서나 정치적 상황에 따라 바뀐다면 평화체제로의 지속성은 언제든지 흔들릴 수 있다. 한반도 및 남북문제에 대한 언론 재현 방식과 이에 대한 수용도가 미치는 통일의식 형성에 관한 연구는 향후 수행되어야 할 중요한 연구 주제이다. 남북문제의 정치적 민감성을 인지하면서도, 이에 대한 정보가 너무 제한적이고 불분명하며 일관적이지 않다는 비판은 지속적으로 이어져 왔다. 언론의 보도 방식에 따라 국민 통일의식이 쉽게 영향받는 구조는 건강한 민주사회 형성에도 좋지 않다. 북한 정부 또한 열린 자세로 남한과의 대화에 응해야 하며 국제사회 속에서 신뢰를 얻어야 함은 물론이다. 왜곡된 혹은 제한된 정보로는 두려움을 극복할 수 없으며, 신뢰는 정확한 정보를 기반으로 한다. 언론은 남북관계의 신뢰를 쌓아가는 중요한 역할을 수행하는 것이다. 그 신뢰를 기반으로 평화의 상상력도 가능하기 때문이다.

민간단체의 역할도 중요하다. 지속적인 한반도 평화와 통일은 장기간에 걸쳐 이뤄야 할 과정이지 단번에 이뤄지지 않는다. 따라서, 국가적 차원에서의 노력과 더불어 민간 차원에서의 노력이 필수적이다. 더 많은 통일/평화단체들이 적극적으로 그리고 안정적으로 활동할 수 있어야 한다. 정부는 국내외 정치적 이해관계에 따라 민간단체를 규제하기보다는 민간 차원에서의 대화와 만남을 이어갈 수 있도록 보장해주어야 한다. 물론 개 단체별로 통일 및 남북관계에 대한 이념적 입장차이가 있을 수 있지만, 모든 것을 국가가 해결하려는 태도로는 복잡한 남북관계를 해결할 수 없다.

이런 맥락 속에서, 기독교의 공헌은 정치적 상황과 별개로 지속적인 평화와 통일의 비전을 제시할 수 있는 역할을 수행할 때 가능할 것이다. 그러나 한국교회의 설교 강단에서는 주로 북한 정권에 대한 비판이나 선교적 차원에서만 접근한 경향이 있다. 교회에 다닐수록(예배 빈도가 높아질수록) 구태의연한 반공주의와 흡수식 통일관을 갖게 된다는 오명을 언제까지 갖고 있을 수는 없는 일이기 때문이다. 한반도 평화와 통일을 위한 한국교회의 역할은 무엇일까? 전쟁의 위협을 줄이고 평화로운 공존이 가능하도록 지속적인 비전과 실천이 요구되는 시점이다.

지은이 알림

김상덕

미국 보스턴대학교와 에모리대학교에서 각각 목회학석사와 신학석사를 마치고 영국 에든버러대학교에서 언론사진과 평화학을 주제로 박사학위(PhD)를 받았다. 현재 한국기독교사회문제연구원의 연구실장으로 재직 중이며 명지대학교 객원교수로 출강하고 있다. 저서로는 *The Role of Religion in Peacebuilding* (Jessica Kingsley, 2017)과 『평화의 신학: 한반도에서 신학으로 평화만들기』 (동연, 2019), 『더불어 함께하는 평화교육』(동연, 2020) 등의 공저가 있다.

송진순

이화여자대학교에서 신약성서신학으로 석사와 박사학위를 받고, 동 대학에서 강의를 하고 있다. 젠더적 관점에서 '인문학적 성서 읽기'에 관심을 갖고 교회를 넘어 대중과 소통할 수 있는 기독교적 가치와 역할에 대해 연구한다. 공저로는 『혐오와 여성신학』(동연, 2018), 『하나님의 형상, 우리 여성』(YWCA, 2018), 『성폭력, 성경, 교회』(CLC, 2019), 『혐오의 시대를 사는 그리스도인』(IVP, 2019) 외 다수 논문이 있다.

신익상

서울대학교에서 물리학을 공부했고 감리교신학대학교에서 종교철학으로 박사학위를 받았다. 성공회대학교 조교수, 한국교회환경연구소 소장으로 재직 중이고 종교와 과학, 종교 간 대화 등의 다방면에서 저술 활동을 이어가고 있다. 지은 책으로 『변선환 신학 연구』, 『변선환 신학 새로 보기』(공저), 『제3세대 토착화 신학』(공저), 『신학의 저항과 탈주』(공저), 『올꾼이 선생님 변선환』(공저), 『한류로 신학하기』(공저), 『종교 속의 철학 철학 속의 종교』(공저), 『남겨진 자들의 신학』(공저), 『세월호 이후 신학』(공저) 등이 있다.

이상철

시카고 신학대학원에서 '레비나스의 타자의 윤리'로 박사학위(PhD)를 받았다 (2014). 현재 크리스챤아카데미 원장으로, 한백교회 담임목사로, 한신대학교 와 성공회대학교 겸임교수(기독교윤리)로 학생들을 가르치고 있다. 단행본으 로『죽은 신의 인문학』(돌베개, 2018)과『탈경계의 신학』(동연, 2012)이 있 고,『민중신학, 고통의 시대를 읽다』(분도, 2018)외 다수의 공저가 있다.